Mitos do Shotokan

松濤館の神話

Mitos do Shotokan

松濤館の神話

As Respostas Proibidas para os Mistérios do Karatê Shotokan

Kousaku Yokota

横田耕作

ISBN: 978-0-9982236-2-9

Este livro foi impresso nos Estados Unidos da América.

Para solicitar cópias adicionais deste livro, contate:
Azami Press
1-765-242-7988
www.AzamiPress.com
Info@AzamiPress.com

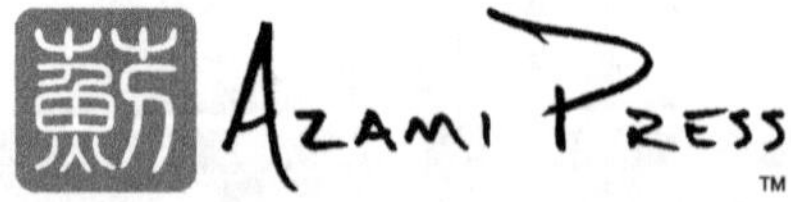

Dedicatória

奉納

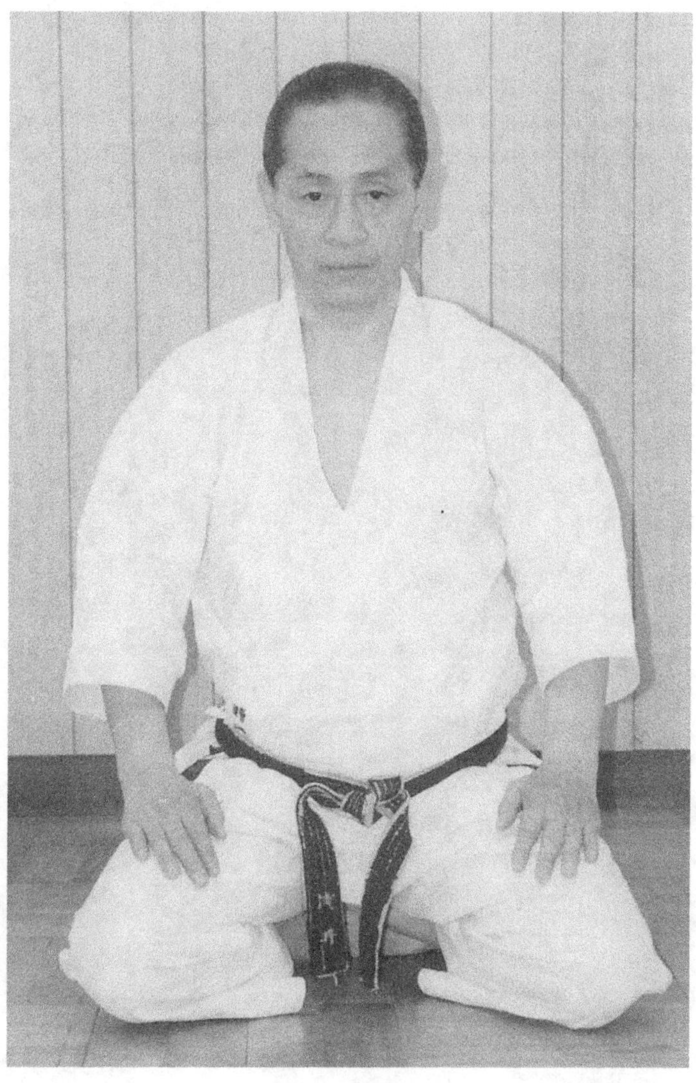

Eu dedico este livro à memória do Grande Mestre Tetsuhiko Asai (1935–2006), 10° *dan*, Instrutor-Chefe, Japan Karate Shotorenmei (JKS). Ele foi o maior mestre do karatê Shotokan de todos os tempos. Ele foi o meu último *sensei* e é o modelo do meu objetivo inalcançável.

Biografia de Kousaku Yokota
経歴

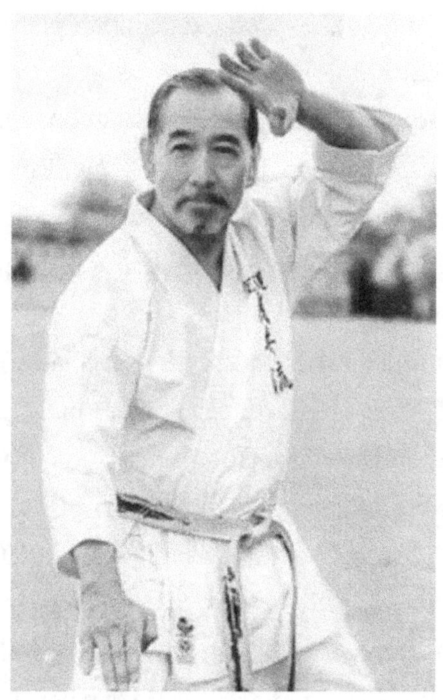

Shihan Kousaku Yokota (横田耕作), 8° *dan*, nasceu em Kobe, Japão, em 1947. Ele, atualmente, residente na Califórnia, EUA, é um *karateka* profissional que pratica o *budo karate* (武道空手) tradicional com mais de 58 anos de experiência em várias artes marciais.

Yokota começou seu treinamento de artes marciais em judô quando tinha 12 anos, pois seu pai era faixa preta no Kodokan. Ele treinou o judô por 3 anos e alcançou o *shodan* quando tinha 15 anos de idade. Quando entrou no ensino médio, mudou para o karatê. Durante o primeiro ano, treinou em dois *dojo* diferentes: Shotokan e Goju Ryu.

Seu primeiro instrutor foi o Mestre Jun Sugano, 9° *dan*, que era co-presidente da JKA. Ele mudou-se para Filadélfia, EUA, em meados da década de 70 e treinou no *dojo* da sede do ISKF e tornou-se, alguns anos mais tarde, um dos instrutores lá.

Seu professor era o Mestre Teruyuki Okazaki, 10º *dan*. Ele retornou ao Japão em 1981 e completou o treinamento como instrutor com o Mestre Sugano.

A sua vasta gama de artes marciais inclui treinamento no *kobudo* (*nanasetsuben*, *nunchaku*, *tonfa*, *sai* e *bo*), no karatê de contato pleno (um ano em um *dojo* Kyokushinkai em Osaka) e dois anos na arte de ki e o treinamento especial de respiração de Nishino Ryu Kikojutsu (西野流気功術). Ele permaneceu na JKA por 40 anos e, durante esse período, alcançou 5º *dan*. Em 2002, seguiu o Mestre Tetsuhiko Asai e tornou-se membro da JKS. Yokota recebeu muitas lições e ensinamentos extensivos diretamente do Mestre Asai e recebeu 6º *dan* de parte dele antes da morte deste, em 2006.

Em 2009, ele se demitiu da JKS e decidiu se especializar no karatê de Asai Ryu Bujutsu (浅井流武術空手) e promover seu nome. Em 2013, ele fundou sua organização, ASAI (Asai Shotokan Association International [www.asaikarate.com]), para homenagear o Mestre Tetsuhiko Asai (浅井哲彦).

Ele é o autor de *Shotokan Myths* (Azami Press, 2010), *Shotokan Mysteries* (Azami Press, 2013), *Shotokan Transcendence* (Azami Press, 2016) e *Karatedo Paradigm Shift* (Azami Press, 2017). Estes livros estão disponíveis na *Amazon*. *Shotokan Myths* foi traduzido para francês em 2016 e português em 2017. Também está planejado para ser traduzido em espanhol e publicado em 2018.

Shihan Yokota viaja extensivamente em todo o mundo para compartilhar o conhecimento e as técnicas do karatê Asai Ryu. Se você estiver interessado em contatá-lo ou ASAI, escreva para administration@asaikarate.com ou procure-o em sua página do *Facebook*: https://www.facebook.com/shihan.yokota. Você também pode ler muitos artigos interessantes e inovadores em seu blog, sem custo: www.asaikarate.com/blog.

Agradecimentos
感謝の言葉

Desejo dedicar este livro (edição em português) a todos os dedicados *karateka* que falam português ao redor do mundo, particularmente aqueles que estão no Brasil.

Diz-se que o número total de praticantes de karatê é de dez milhões ou mais. Qual é o motivo dessa popularidade? Alguns podem dizer que é um instinto humano e o desejo de lutar.

Tenho certeza de que muitas pessoas afirmam que a segurança em nossa vida está piorando, de modo que as pessoas, especialmente as mulheres, querem praticar o karatê para autodefesa. Talvez alguns homens considerem que praticar karatê é legal. Todas essas ideias podem ser parcialmente corretas. Independentemente dos motivos, milhões de pessoas adoram o karatê e eu espero que este livro contribua, mesmo que seja de leve, para a compreensão do karatê.

Muitas pessoas são responsáveis por tornar este livro possível, algumas mais diretamente que outras. Eu quero estender minha gratidão a todos aqueles que tão generosamente contribuíram com seu tempo e experiência para a criação deste livro.

Eu devo uma palavra de agradecimento a Phillip Kim e Oleg Syrel, meus alunos e assistentes. Phillip ajudo-me com a criação da bonita capa deste livro, e também me auxiliou com os capítulos sobre o *bunkai* do *kata* Tekki. Oleg atuou como modelo para o capítulo sobre o *kata* Hangetsu.

Quero agradecer ao tradutor deste livro, o Sr. Samir Berardo, um dedicado *karateka* residente de Brasília, também co-presidente da ASAI Brasil, que dedicou muitas horas de seu valioso tempo no trabalho de trazer o *Shotokan Myths* para o português. Seu trabalho abriu novas oportunidades de leitura e aprendizado para os *karateka* e admiradores desta arte.

Eu também gostaria de agradecer a Sra. Lourdes Lovison por fazer a importante tarefa de dedicar muitas horas na revisão final e publicação deste livro. Ela tem uma excelente qualificação para trabalhar a linguagem e contribuiu para o padrão altamente educativo do livro.

E por último, mas não menos importante, a todos os meus instrutores, passados e presentes, um sincero obrigado por me dar a compreensão e o conhecimento deste grande estilo de karatê que é o Shotokan. Como o Mestre Funakoshi dizia: "O treinamento do karatê é um esforço para toda uma vida". Eu aprendo algo novo quase todos os dias.

No passado, eu aprendi com meu *sensei* e meus colegas praticantes. Hoje, meus alunos são meus professores. Sem todos vocês, meu karatê não estaria onde está hoje, e este livro provavelmente não se materializaria.

Muito obrigado a todos vocês.

皆さん本当にありがとうございました。
Minasan honto ni arigato gozaimashita.

Prefácio

Por Leandre Ricardo Rosa
Yondan, Asai Ryu
Presidente e Embaixador, ASAI Brasil
Brasil

Considero que o livro *Mitos do Shotokan*, de Shihan Kousaku Yokota, marca um momento de grande reviravolta e abertura no que se relaciona a uma maior e profunda compreensão relacionada ao karatê Shotokan. Antes de ler esse livro, meu conhecimento sobre os assuntos tratados em seus capítulos era superficial. Essa condição hoje mudou drasticamente. Shihan Yokota é um profundo estudioso e pesquisador. Abre nossa mente e convida a reflexões. Suas colocações baseiam-se na sua experiência e conhecimento, demonstrando coerência e lógica.

Vários *karateka* já devem, em algum momento, ter se perguntado sobre muitos assuntos abordados neste livro. Mas, esses, por muitos anos, foram negligenciados ou não nos foram transmitidos.

Há alguns anos junto com Shihan, a diretoria executiva da ASAI Brasil vem trabalhando na tradução deste seu primeiro livro. As dificuldades foram várias, mas, apesar do atraso em relação ao tempo programado, finalmente trazemos, não apenas ao público brasileiro, mas de todos os países de língua portuguesa, esse presente para a literatura marcial. Considero este livro histórico. Indiscutivelmente obrigatório para nossa biblioteca. Esperamos que todos o leiam e consigam colher os benefícios de seu valioso conteúdo.

Prefácio

Por Sinval Corrêa Bittencourt

Nanadan, Asai Ryu

Representante da Asai Ryu no Centro-oeste

Academia Performance, Goiânia, Brasil

Shihan Kousaku Yokota em seu primeiro livro, *Shotokan Myths*, desmistifica o karatê Shotokan, e, jogando luz ao clarear, desvenda o secretismo de diversas técnicas e dá continuidade ao legado do Shihan Tetsuhiko Asai.

Os segredos e pontos obscuros, inatingíveis para a maioria dos *karateka*, foram abordados e diluídos, o que facilitou o entendimento e, consequentemente, o aprendizado para os leitores. *Kime*, *hikite*, *snapback*, *bunkai*, *Karate ni sente nashi*, *Sente hissho*, etc., estão entre os métodos abordados.

O mestre, como grande pesquisador da história e da evolução do karatê Shotokan, busca embasamento em estudos científicos da modalidade do karatê moderno, apresenta particularidades, além de didática e teórica de ensino muito específicas e eficazes.

Os livros *Shotokan Myths* e *Shotokan Mysteries* são obras-primas que apresentam conceitos teóricos e elucidam muitas dúvidas sobre a nobre arte marcial. Tendo como base os conhecimentos privilegiados, resultado de suas andanças pelo mundo e de pesquisas realizadas ao longo de anos, coube ao Mestre Kousaku Yokota revelar segredos, sem esquecer de adequar o conteúdo de acordo com as particularidades de cada país.

Shihan Kousaku Yokota inspira a continuidade das técnicas evolutivas do Asai Ryu e traz exemplos daquilo que, sem sombra de dúvida, caracteriza a evolução, a alma do Shotokan nos dias atuais. Ao abranger aspectos comumente evitados no ensino do karatê e não compreendidos pelos *karateka*, o Mestre Yokota Kousaku mostra as dificuldades que impedem a evolução do praticante da arte marcial, proporcionando a consciência acerca dos erros e dificuldades enfrentados nos treinos.

Como praticante do karatê Shotokan há muitos anos no Brasil, recomendo a leitura de *Shotokan Myths*, um estudo da legítima arte marcial do karatê Asai

Ryu. Um grande *osu* aos livros publicados, aos leitores e em especial ao Shihan Kousaku Yokota pela bravura de lutar e se manter como um verdadeiro samurai na lição de vida e amor ao karatê, reconhecidamente, como um grande mestre do karatê Asai Ryu.

Que os livros tragam a todos evolução no eterno aprendizado dessa arte marcial milenar. *Osu*!

Prefácio

Por Patrick McCarthy
Hanshi Kyudan
Diretor, International Ryukyu Karate Research Society
Brisbane, Austrália

O que eu mais apreciei sobre o tesouro descoberto de informações que repousa diante de você é a simplicidade com que o autor, Koss Yokota Sensei, transmite tudo o que há para saber sobre o karatê Shotokan. Nascido, criado e treinado no Japão, Yokota Sensei viveu e ensinou o karatê Shotokan nos Estados Unidos por mais de três décadas. Familiarizado com todo o trabalho publicado a respeito do Shotokan, ele acredita que muitas das suas informações históricas, técnicas e filosóficas estão dispersas, imprecisas e incompletas. Com um espírito de guerreiro forjado na fornalha da austeridade, Yokota Sensei aprendeu os caminhos antigos diretamente sob a tutela do finado Mestre Tetsuhiko Asai.

No espírito do *bunburyodo* (文武両道, 'literatura e arte marcial em sintonia'), Yokota é um guerreiro erudito brandindo uma espada de simplicidade para transmitir uma mensagem honrada pelo tempo. Ele claramente compreende que o valor de qualquer corrente é apenas tão confiável quanto o seu elo mais fraco. Ligando o karatê Shotokan a uma corrente, por causa de sua força e muitas ligações, Yokota acredita que a verdadeira maestria desta arte é apenas finalmente alcançada através do equilíbrio entre treinamento físico e mental.

Em outras palavras, informações históricas, técnicas e filosóficas devem apoiar o treinamento físico. Quando isso não ocorre, resulta um desequilíbrio. Metaforicamente falando, ao viajar para além do lado físico da arte e estudar sua natureza, torna-se possível penetrar mais profundamente na sua imensidão. Este importante trabalho reúne tais informações e é bem-sucedido em transmitir um estudo abrangente e de fácil leitura.

Reunindo uma abundância de informações históricas, técnicas e filosóficas, relacionadas diretamente com o karatê Shotokan, Yokota Sensei fornece respostas claras muito frequentemente apenas mencionadas por alto ou simplesmente ignoradas. Além disso, os provocantes temas abordados neste livro são simples e diretos o suficiente para que iniciantes compreendam, porém variados e abrangentes o bastante para despertar o interesse de artistas marciais experientes. Em síntese, a maneira como a informação é apresentada tem o poder de provocar todos os artistas marciais a repensar aquilo que já sabem, e ao mesmo tempo desafiá-los a continuar explorando os seus conhecimentos com a finalidade de alcançar um conhecimento definitivo.

Ao compartilhar seus pensamentos e opiniões neste trabalho, Yokota Sensei constrói uma ponte através da qual o passado é conectado ao presente. Fornecendo um caminho simples para transmitir com precisão a história, técnica e filosofia do karatê Shotokan para a próxima geração de estudantes, ele também presta homenagem ao legado da arte, enquanto honra a herança dos pioneiros que tiveram maior responsabilidade em desenvolvê-la.

Prefácio

Por Samir Berardo

Tradutor de *Mitos do Shotokan*

Co-Presidente e Embaixador, ASAI Brasil

Belém, Brasil

A maioria das pessoas que tiverem a felicidade de ter este livro em suas mãos provavelmente já sabe o quanto o karatê Shotokan é formidável. No entanto, com a mais profunda sinceridade, podemos dizer também que nem tudo no estudo contemporâneo do estilo são alegrias e satisfações, mesmo para os adeptos mais dedicados e apaixonados. Na verdade, justamente para estes a jornada rumo ao conhecimento segue com um misto de satisfação e confusão—e por vezes até mesmo frustração. Esses praticantes apaixonados pelo karatê, com o tempo, observam que o caminho de aprendizado passa muitas vezes por perguntas que ficam sem resposta, ou por respostas que parecem insatisfatórias. Seria possível que algo estivesse faltando, ou que algo estivesse incorreto, na instrução que recebemos?

Pensando bem, não deve ser totalmente uma surpresa que essa arte tão incrível e profunda, com sua popularidade mundial e seus milhões de praticantes, tenha encontrado dificuldade em alcançar tantas escolas, professores e praticantes sem a ocorrência de diluições ou perdas de conteúdo, confusões e até mesmo propagação de ideias equivocadas ou mitos. Aliado a outros fatores, é possível que até mesmo o traço cultural japonês de evitar questionamentos tenha tido uma parcela de contribuição na dificuldade de transmissão (ao ponto em que em algumas escolas é possível utilizar uma única palavra—*osu*, curiosamente muito popular no mundo ocidental—para dizer tanto "sim" quanto "não", mas *sempre* concordando e aceitando). Como resultado, muitos aspectos importantes e notáveis da nossa arte ficaram sem explicação em grande parte—eu diria na maioria—dos *dojo* contemporâneos. É uma realidade dura e por vezes até difícil de admitir.

Eu considero provável que vários dos leitores tenham compartilhado das reflexões ou sentimentos acima algumas vezes, o que também aconteceu comigo. A minha situação passou a mudar na época em que conheci o livro *Mitos do Shotokan* (então em inglês, *Shotokan Myths*), de Kousaku Yokota Sensei.

Logo de início, fiquei impressionado com a atitude (para mim até então inédita) demonstrada pelo autor, um mestre japonês de karatê: discutir aberta e francamente assuntos que muitos praticantes sempre queriam questionar, mas que poucos tinham coragem (ou oportunidade) para fazê-lo—e sobre os quais ainda menos pessoas conseguiam receber respostas realmente satisfatórias. Passei a considerar Yokota Sensei como um caso raro e valiosíssimo entre seus pares.

A experiência de ler o livro foi inesquecível—como se um fino facho de luz finalmente indicasse o caminho seguro e inequívoco, depois de uma longa jornada vagando em meio à escuridão. Como se encontrar essa obra não fosse sorte suficiente, tive também a felicidade de treinar diretamente com Yokota Sensei em múltiplas ocasiões, e ver com meus próprios olhos e até mesmo sentir diretamente—em demonstrações controladas, mas que nem por isso deixavam de ser devastadoras—a prática comprovada dos ensinamentos que eu havia aprendido teoricamente naquela obra. Depois disso, recebi a incumbência honrosa de traduzi-la, podendo assim ajudar a compartilhar com meus colegas falantes de língua portuguesa essa valiosa experiência de conhecimento—que até hoje se aprofunda e deixa novos frutos, pois Yokota Sensei seguiu publicando novos e excelentes livros, e também porque mesmo as lições antigas mantêm um potencial praticamente inesgotável de aprendizado.

Diante das circunstâncias e do conteúdo notável do livro, *Mitos do Shotokan* passa a ser um divisor de águas na história das obras sobre karatê, e especialmente sobre o estilo originado a partir dos ensinamentos do Mestre Gichin Funakoshi, isto é, sobre o Shotokan. Com clareza e rigor teórico, são abordados tópicos fundamentais para a formação teórica e técnica de todo *karateka*: satisfatórios para os iniciantes e obrigatórios para os avançados; reveladores para todos os níveis, considerando a quantidade de mitos e confusões desfeitos; e, finalmente, com excelentes lições históricas e minuciosas análises sobre a técnica e até mesmo a filosofia do karatê.

Como exemplo desses tópicos tão relevantes, temos o capítulo inicial sobre *kime*—uma das marcas registradas do karatê moderno—em explicação que finalmente abrange e esclarece (entre outros detalhes) um dos componentes indispensáveis que completam a fórmula do refinamento técnico do karatê e do próprio *kime*: o relaxamento corporal (cujo valor foi inigualavelmente demonstrado pelo finado Mestre Tetsuhiko Asai).

Temos a seguir o capítulo com revelações sobre o *hikite* (a puxada da mão de trás em direção à região do quadril durante a execução de várias técnicas do karatê). Trata-se de outra marca registrada da nossa arte, executada praticamente a todo o momento, e ainda assim, com uma aplicação muito pouco compreendida pelos praticantes no mundo.

Mais adiante, Yokota Sensei aborda a riqueza e variedade e profundidade técnica pouco conhecidas dos métodos utilizados para golpear no Shotokan, a exemplo das diferentes variações (nem sempre conhecidas) para o *mae geri*: versão com impacto rápido e retorno instantâneo do pé (normalmente chamado de *keage*) e versão com ataque penetrante (*kekomi*)—sendo este último uma joia muito pouco conhecida hoje em dia em escolas ao redor do mundo.

Depois de uma sequência de capítulos formidáveis, Yokota Sensei encerra com um esclarecimento fundamental sobre uma das mais célebres lições do Mestre Funakoshi: o princípio conhecido como *Karate ni sente nashi* (空手に先手無し) e traduzido frequentemente—e não sem certa confusão, como se verá—para o português como 'Não existe primeiro ataque no karatê'. O capítulo completa brilhantemente um círculo de sabedoria sobre a nossa arte, retornando para o momento mais inicial (e talvez crucial) da luta corporal ao se considerar o uso das técnicas do karatê para fins de autodefesa: o primeiro ataque. Isso tudo partindo dos ensinamentos do próprio Mestre Funakoshi, e revelando com precisão lógica e histórica o significado daquela lição do mestre.

Mesmo com a experiência e currículo exemplares de Yokota Sensei, o leitor de *Mitos do Shotokan* perceberá que o autor ainda conserva uma atitude humilde (própria dos verdadeiros mestres, mas muito pouco observada na prática), inclusive convidando/estimulando os estudiosos de sua obra a participarem diretamente nas reflexões compartilhadas, mantendo assim o espírito crítico e possivelmente levando até mesmo ao aprofundamento do aprendizado sobre nossa arte. Talvez a postura de abertura enquanto ser humano e enquanto estudioso e o espírito de principiante (*shoshin* [初心]) do zen-budismo e das artes marciais japonesas que Yokota Sensei mantém (apesar de seu currículo de grande mestre) tenham sido os componentes que lhe permitiram chegar tão longe em sua própria jornada de aprendizado. Provavelmente não é possível mensurar até onde ele chegou, mas neste momento ele registra e compartilha parte dessa experiência na forma de livros (sendo *Mitos do Shotokan* o primeiro da série), e tudo indica que mais ensinamentos virão, demonstrando que no karatê a busca, o estudo e o aprendizado nunca terminam—como ensina a expressão ainda popular em alguns *dojo* de Okinawa: *kyudo mugen* (究道無限, 'o caminho do estudo é infinito', em tradução livre).

O mundo do karatê nas últimas décadas tem passado por um momento histórico, com o aumento no interesse de praticantes de todo o mundo em conhecer com profundidade e exatidão as raízes e a essência da arte. Um dos grandes momentos desta era brilhante que vivemos, e sobretudo um dos maiores momentos para o Shotokan, foi a publicação do livro *Mitos do Shotokan*. Através desta edição em português, os praticantes e estudiosos do karatê falantes dessa língua cruza a porta de entrada para esse momento histórico.

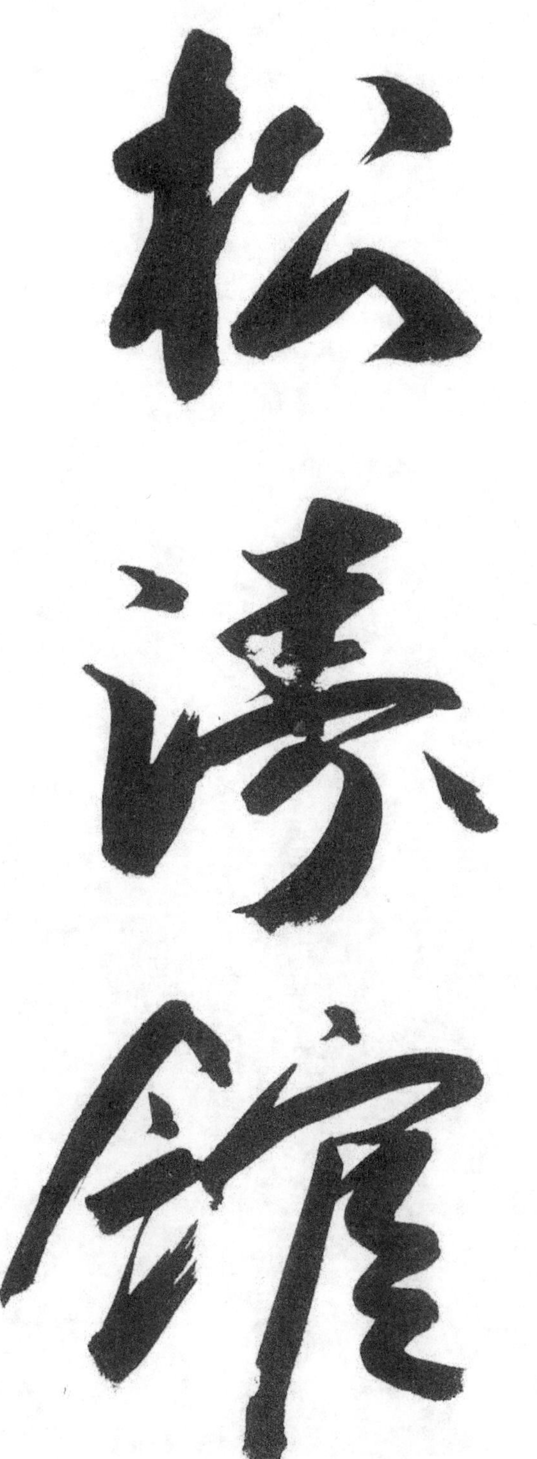
松濤館

Introdução
初めに

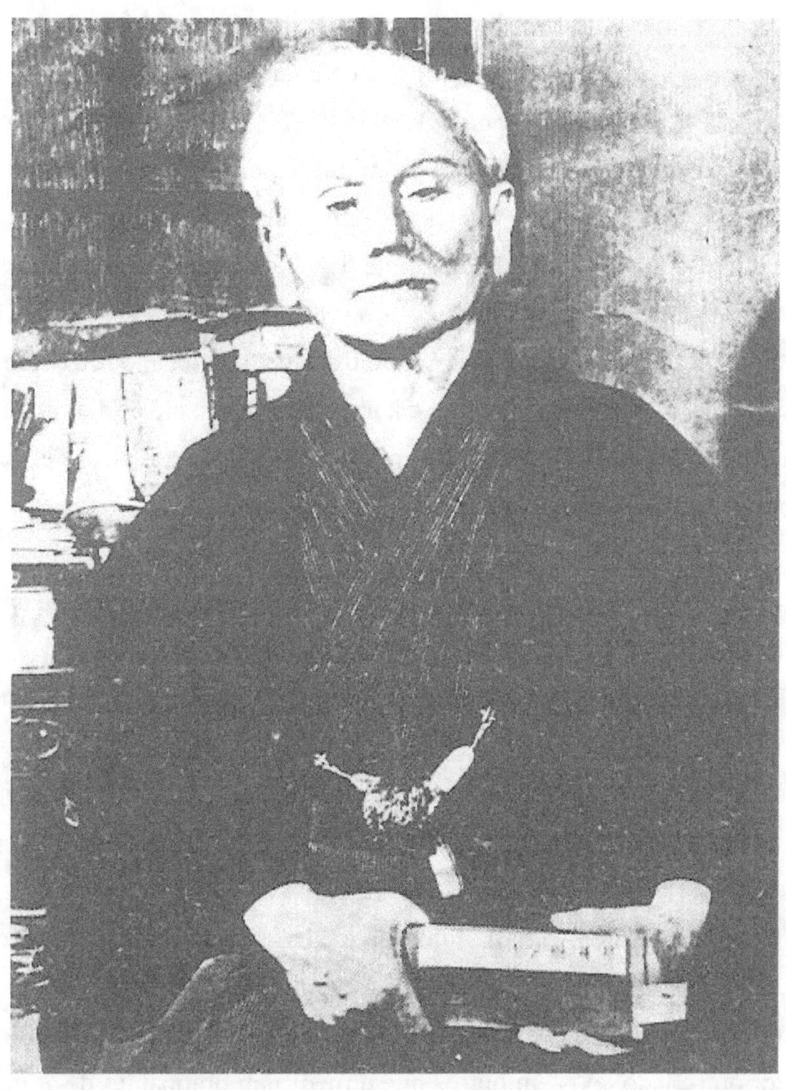

Mestre Gichin Funakoshi, Fundador do Karatê Shotokan
(1868–1957)

Como muitas pessoas sabem, o karatê moderno foi apresentado ao Japão, vindo de Okinawa, há simplesmente menos do que um século. A introdução nos Estados Unidos e na Europa aconteceu após a Segunda Guerra Mundial, ou há pouco mais de 70 anos. Apesar de uma história tão curta, o karatê agora é praticado por milhões de pessoas ao redor do mundo, e esse número não é exagero.

Considerando que o Japão é famoso por exportar produtos industrializados como artigos eletrônicos e automóveis, enquanto cidadão japonês, eu me sinto muito satisfeito em ver que uma parte da cultura japonesa, o karatê, fez uma grande contribuição para o mundo. Ao mesmo tempo, eu não estou totalmente satisfeito com a situação atual do mundo do karatê. Existem muitas questões importantes e uma delas é o tópico que eu vou discutir nesta introdução.

Eu tenho praticado karatê por quase meio século, e percebi que existem muitos mitos e concepções equivocadas sobre o karatê persistindo até os dias atuais. É claro, alguns são ridículos e a maioria dos praticantes de karatê vai rir deles. Alguns exemplos desses mitos são os seguintes:

- Lutar contra um cachorro (policial) grande é um requisito para um exame de *dan*.
- Um faixa preta deve registrar seus punhos na polícia federal (como uma arma).
- Uma técnica secreta chamada *morte de três anos* faz com que a vítima morra três anos depois de recebê-la.

Infelizmente, existem outros mitos que são bem conhecidos entre os praticantes, e eles acreditam na maioria deles. Alguns são apenas ideias equivocadas e podem ter pouco impacto negativo para a prática ou a melhora das habilidades do karatê. Por outro lado, existem outros que impediriam praticantes de atingir técnicas verdadeiras de karatê.

E tenho clara consciência de que alguns dos pontos são polêmicos e já espero que algumas pessoas discordem de minhas opiniões e explicações. Eu acredito que é bom trazer à tona esses pontos para uma discussão aberta onde nós possamos revê-los e pensar cuidadosamente sobre esses assuntos importantes. Eu definitivamente não afirmo saber tudo ou ter dominado todos os aspectos do karatê e das artes marciais. Eu ainda estou procurando a verdade e esperando aprender algo novo todos os dias.

Eu devo aos meus dois instrutores o meu conhecimento e compreensão sobre karatê. Eu possuo uma dívida com os mestres a seguir.

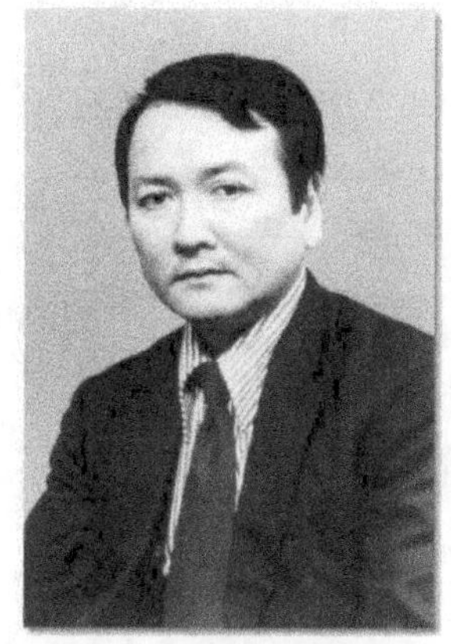

Mestre Jun Sugano (菅野淳, 1928–2002), 9º *dan* e ex-vice-presidente da JKA, foi o meu primeiro instrutor na sede da JKA na província de Hyogo em 1963, e também o instrutor-chefe da região de Kansai quando eu passei por um período de *kenshusei* (研修生, 'aprendiz') desde 1981 até 1983. Ele compartilhou muitos conhecimentos profundos sobre o karatê Shotokan e a história do estilo, não tanto no *dojo*, mas mais frequentemente em um bar que pertencia a ele aonde ele costumava levar seus instrutores assistentes para tomar um drinque.

Ele era um *karateka* muito conhecido em Kobe. Eu ouvi (de outros instrutores) que ele tinha um temperamento volúvel quando era jovem e que se envolvia em brigas com frequência. Ele vivia em uma cidade onde um grande grupo yakuza, o Yamaguchi Gumi (山口組), possuía uma sede. Ao cruzar com Sugano Sensei pelo caminho, eles afastavam-se e deixavam-no passar, e curvavam-se conforme ele passava por eles.

Sugano Sensei era um homem grande para um japonês, com 1,78 m e pesando mais de 90 quilos. Ele provavelmente não precisava de karatê para lutar. Apesar de ter uma face assustadora, ele era um cavalheiro. Ele era respeitado e querido por todos os seus alunos. Infelizmente, ele fumava e bebia demais e esses maus hábitos encurtaram sua vida. Eu fui membro da JKA por 40 anos—possuía uma filiação vitalícia—e, depois do falecimento do Mestre Sugano em 2002, eu troquei minha filiação para a JKS (a organização de Asai Sensei).

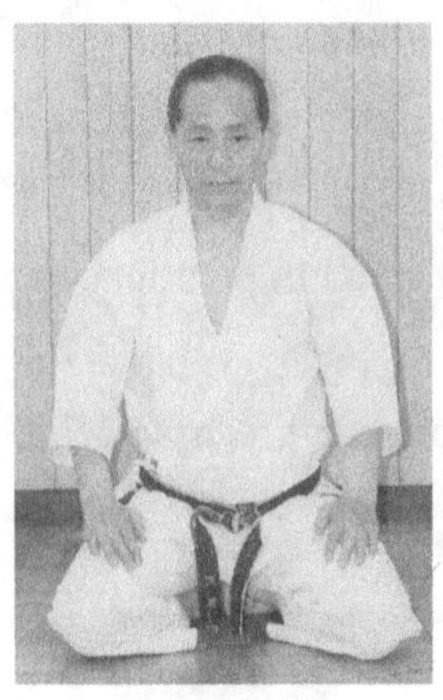

Mestre Tetsuhiko Asai (浅井哲彦, 1935–2006), 10º *dan* e fundador da JKS e do karatê Asai Ryu (浅井流空手), foi um *karateka* e artista marcial de renome mundial. Ele foi diretor-técnico (*shido bucho* [指導部長]) da JKA por muitos anos, e então fundou a Japan Karate Shoto Federation (日本空手松濤連盟 [JKS]) em 2000.

Asai Sensei faleceu em 2006 de insuficiência cardíaca. Ele não suspendia os treinos e as viagens para o exterior mesmo quando tinha alguma doença séria. Trabalhou excessivamente e o seu corpo não conseguiu acompanhar as suas atividades. Era um dos últimos samurai e morreu pelo e para o karatê.

Ele me ensinou muitas coisas que vão além do conhecimento que eu havia aprendido quando era um praticante da JKA. Ele não precisa de apresentação sobre sua história no karatê, contudo existem muitas coisas que não são amplamente conhecidas, mas são fatos que afetaram o seu estilo de artes marciais.

Kung Fu Estilo Garça Branca

Asai Sensei morou em Taiwan por muitos anos. Enquanto divulgava o karatê Shotokan, ele aprendia kung fu estilo Garça Branca com vários mestres. Um dos mestres de kung fu que compartilhou essas técnicas possuía uma irmã mais nova, uma atriz famosa em Taiwan, e Asai Sensei veio a casar-se com ela.

Ele praticava mais de 150 *kata*. Alguns foram criados por ele e muitos vieram do kung fu estilo Garça Branca. É por isso que o estilo dele era mais circular e possui mais técnicas de mão aberta. Você também perceberá que os movimentos de giro do corpo são comuns nos *kata* da JKS.

Tenketsu (*Dim Mak*)

Ele estudou *tenketsu* (点穴), uma arte de manipulação dos pontos nervosos críticos do corpo. Ele conhecia os pontos do corpo onde poderia causar danos severos, bem como paralisia, danos nervosos e possivelmente a morte. Ele dizia que ao aplicar pressão a esses pontos, ele não precisava depender de força para tornar seus ataques e defesas eficazes.

Armas

Ele praticava muitas armas diferentes, incluindo o *sai*, o *tonfa*, o *bo*, o *nunchaku*, etc., mas o que ele mais gostava era o chicote de nove secções (*kyusetsuben* [九節鞭]), pois essa arma lhe ensinava como usar seu braço como um chicote.

Flexibilidade e Articulações

A flexibilidade era muito importante para ele. Ele passava muito tempo fazendo alongamento para manter intacto o seu corpo flexível. O corpo dele era como a borracha e ele não era apenas flexível, mas também elástico como uma mola que recupera a sua forma original.

Ele também enfatizava a importância do uso das articulações. Ele costumava dizer: “Você não defende com o seu antebraço ou pulso. Você usa os cotovelos e as articulações dos ombros”. Era um conceito difícil mas fazia sentido conforme ele demonstrava as suas técnicas de defesa.

Relaxamento e Ki

Os seus movimentos eram realizados como chicotadas e isso veio não apenas da sua flexibilidade, mas também do relaxamento total do seu corpo. Ele também estudou *chi gong*, ou *kiko* (気功), para exercícios de ki e de respiração, e a sua esposa domina essa arte. A *Wikipédia* explica que *chi gong* “é um sistema holístico de postura e movimento corporais coordenados, respiração e meditação utilizado para a saúde, a espiritualidade e o treinamento nas artes marciais”.

Apesar de existirem muitos artigos sobre o Mestre Asai, não existe nenhum livro que mencione suas experiências no karatê e nas artes marciais de maneira abrangente. Depois do falecimento de Asai Sensei, a Sra. Asai estava preocupada que o nome dele e a sua contribuição pudessem ser esquecidos. Eu ouvi que a Sra. Asai está atualmente realizando um filme sobre Asai Sensei e que ela planeja escrever uma biografia sobre ele em algum momento do futuro.

A maioria das ideias e conceitos escritos neste livro são baseados no conhecimento e sabedoria que eu ganhei destes dois mestres, assim como da minha pesquisa e investigação pessoais. Eu sou responsável por todos os conceitos e ideias.

Eu não acredito que todos os meus conceitos e crenças estejam corretos. Os fatos que eu encontrei em minha pesquisa poderiam estar incorretos. Peço desculpas ao leitor se houver alguns fatos históricos incorretos ou ideias erradas. Eu acredito em não parar de aprender até o dia em que eu morrer, então ficarei muito feliz em ouvir a opinião dos leitores e vir a conhecer os outros fatos e compreensões que podem corrigir meus equívocos e ajudar-me a entender melhor o karatê.

Introdução à Edição em Português

Estou muito feliz que a edição em português do *Shotokan Myths* esteja sendo publicada. Este livro baseia-se na segunda edição do *Shotokan Myths*, que foi atualizada e teve vários erros corrigidos.

Eu tenho praticado o karatê Shotokan há mais de cinquenta anos. Durante todo esse tempo, tive muitas dúvidas e questionamentos. No entanto, por causa da cultura japonesa, eu não podia perguntar ao meu *sensei* e/ou *senpai* sobre isso. Eu tive que fazer minha própria pesquisa e investigação para descobrir as respostas para a maioria dessas dúvidas e perguntas.

Eu suspeito que você, o leitor deste livro, tenha muitas das mesmas dúvidas e perguntas. Assim, espero que as respostas que eu encontrei tragam alguma luz sobre esses mitos e mistérios. Devemos sempre pensar e fazer perguntas. Esta é uma das melhores maneiras de entender melhor e mais profundamente esta ótima arte marcial, o karatê Shotokan.

Shotokan Myths foi o meu primeiro livro, originalmente publicado em 2010. Desde então eu publiquei mais três: *Shotokan Mysteries*, *Shotokan Transcendence* e *Karatedo Paradigm Shift*. Espero que eles sejam traduzidos em um futuro não muito distante.

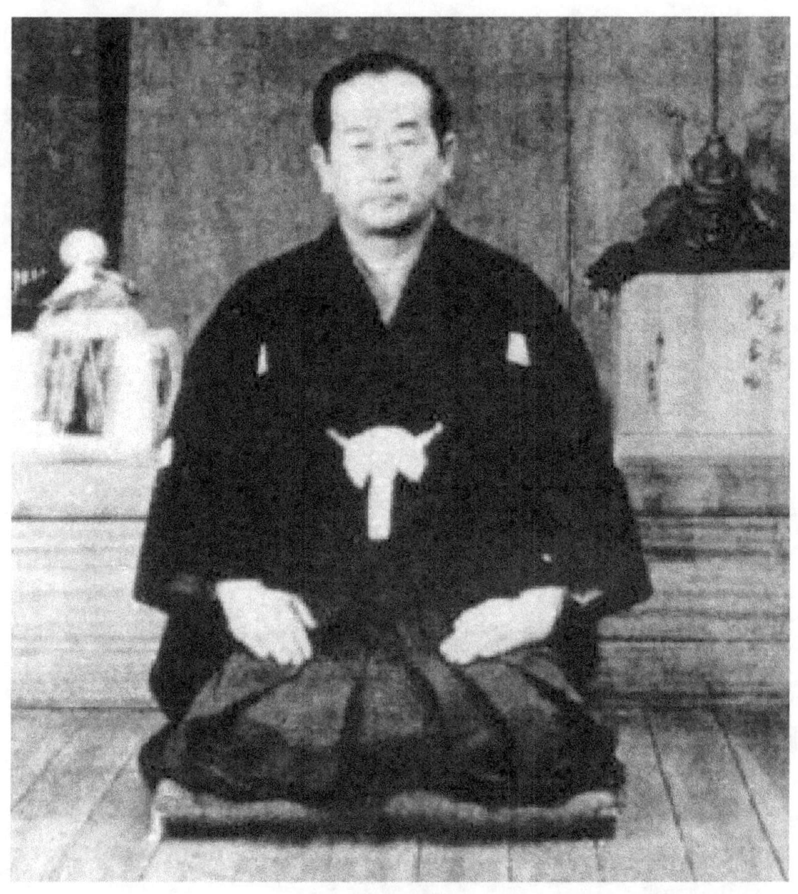

Mestre Masatoshi Nakayama, Instrutor-Chefe, JKA
(1913–1987)

Sumário

Capítulo Um
第一章

Kime
極め

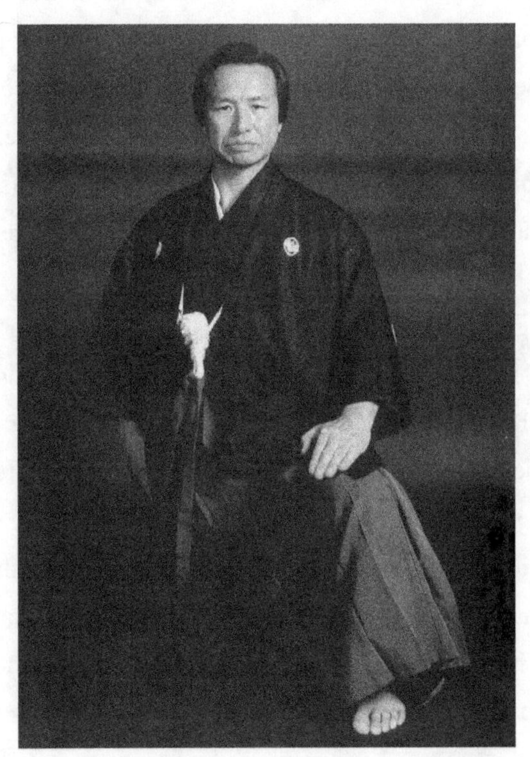

O *kime* (極め) é uma marca registrada do karatê Shotokan. O leitor concordará que nós sonhamos com o *kime* perfeito quando realizamos *oi zuki* (追い突き) ou *gyaku zuki* (逆突き). Bang! Boom! Observe o *tsuki* mostrado abaixo na foto de Keinosuke Enoeda (榎枝慶之輔, 1935–2003). Sim, isto é o Shotokan.

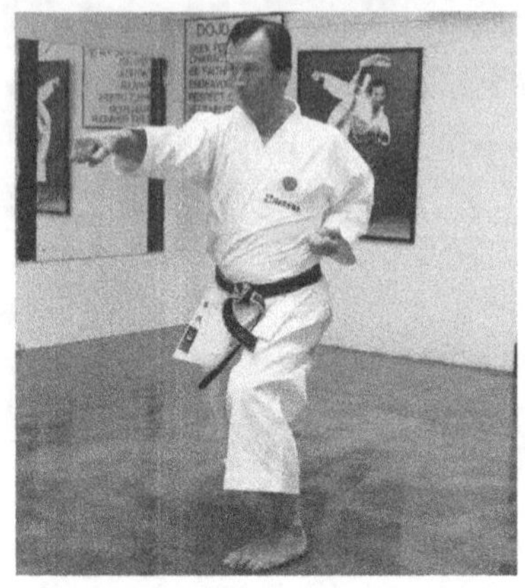

Realmente, os socos e chutes poderosos são marcas registradas do karatê Shotokan (松濤館空手). Quando você olha para os *kata* do Shito Ryu (糸東流), a movimentação tem um aspecto suave e fluido, mas as técnicas parecem "fracas". Os *kata* de Goju Ryu (剛柔流) possuem muitos *neko ashi dachi* (猫足立ち) e *sanchin dachi* (三戦立ち), e embora os seus movimentos de braços sejam circulares, esses movimentos, assim como as posturas, parecem curtos e não possuem *kime* suficiente. (Observe: eu quero enfatizar que de modo algum estou tentando diminuir nenhum estilo. Estou simplesmente comparando as impressões gerais do Shotokan e de outros estilos).

Se as impressões acima coincidem com as suas, então você perguntaria: "Certo, e daí?". Prenda o fôlego, aí vai uma declaração chocante: o *kime* (ou, mais precisamente, encorajar o *kime*) é provavelmente a ação mais prejudicial para a maioria dos praticantes de Shotokan quando estão treinando, particularmente para os iniciantes.

Eu entendo a gravidade e a natureza polêmica da minha afirmação. Porém, estou convencido de que todos os instrutores e praticantes sérios devem estar conscientes e entender bem este problema predominante no treinamento do Shotokan. Apesar de o risco de ser mal compreendido, e ouso escrever este capítulo, uma vez que acredito que este conhecimento deve ser exposto publicamente. Então, por favor, continue lendo para captar a verdadeira essência da minha declaração.

Eu quero afirmar enfaticamente que eu *não* estou identificando o *kime*, por si só, ou possuir um *kime* correto na execução das técnicas, como um problema. Se você é capaz de produzir um *kime* bom e correto, e sente que seus movimentos em geral são fluidos, talvez isso não seja um problema. O que eu quero comunicar é que a tensão corporal excessiva que o *kime* produz é o problema.

Mas, o *kime* não é um corpo tenso? Nós nos lembramos de alguns instrutores explicando o *kime*, dizendo: "Para realizar o *kime*, o seu corpo inteiro deve estar tenso como uma estátua de bronze, assim", e eles então demonstravam um *kime* com um braço tenso e punho cerrado estendidos enquanto realizava um *zenkutsu dachi* (前屈立ち) muito baixo. O rosto deles ficaria distorcido com os dentes fortemente apertados, e você poderia ver os seus músculos ao redor do pescoço saltarem enquanto eles estivessem todos tensos.

Realmente, esses instrutores são bem-sucedidos e muitos praticantes de Shotokan parecem estátuas de bronze. Nós já não ouvimos ou já lemos as críticas feitas por outros estilos (particularmente praticantes de kung fu, que adoram categorizar), de que nós somos "rígidos"? Nós podemos simplesmente ignorá-los, ou aos seus comentários, dizendo: "Eles não sabem o verdadeiro poder do Shotokan". Mas nós podemos mesmo ignorar as suas críticas quando o Shotokan está produzindo tantos praticantes de aspecto rígido ou duro? Nós podemos nos tranquilizar dizendo: "Deixe que eles falem. Se fôssemos enfrenta-los, nós poderíamos deixá-los estirados no chão com apenas um soco". Mas espere um segundo. Uma vez que os praticantes de Shotokan lutam em competições de semicontato, ninguém saberia dizer com certeza se o seu poderoso soco derrubaria o oponente. Ou você gostaria de desafiá-lo para uma disputa utilizando as regras de contato pleno?

Vamos ver o que *rígido* significa em um dicionário. Segundo o *Novíssimo Aulete: Dicionário Contemporâneo da Língua Portuguesa*, *rígido* significa "que é resistente a pressão, flexão, torção" o "que não é flexível, maleável, que é exato". Também incluído entre as definições está o sinônimo *rijo*, o qual significa "muito forte, intenso", com um exemplo de "vento rijo". Assim, se alguém é rígido, as suas técnicas de karatê podem ser fortes ou poderosas, mas podem não se mover livremente. Isso não é interessante?

Eu posso ver pelo menos dois problemas sérios e prejudiciais associados ao *kime*. Um é a perda de energia, e outro é a perda de velocidade nas técnicas (socos, bloqueios, etc.). Em complemento a eles, o desempenho do karatê não parecerá suave ou natural, mas bastante rígido e vacilante. Deixe-me explicar mais sobre esses pontos.

Para conseguir tensão máxima (*kime*), a coisa mais importante a se fazer é relaxar antes de tudo. O grau de tensão correlaciona-se à diferença entre o nível de tensão e o de relaxamento. Em outras palavras, quanto maior o intervalo entre a tensão e o relaxamento, mais afiado é o *kime* que se pode alcançar.

Para dar um exemplo, vamos dizer que dois praticantes terão os resultados finais de 100% de tensão. Enquanto um começa com músculos relaxados a 20% de tensão, e então alcança 80 graus de *kime*, o outro começa com músculos bastante tensos, a 60% de tensão, então alcança apenas 40 graus de *kime*, ou a metade do que a primeira pessoa consegue. Essa tensão ineficiente—embora ela possa ser de 100% no *kime* ao final—resultará em um soco que funciona como um empurrão para o segundo praticante, em vez do soco afiado e explosivo que seria desejável que ele tivesse.

Certo, todos os instrutores e praticantes avançados sabem disso. Porém, os iniciantes não sabem como controlar seus músculos de maneira definida e complexa, para equilibrar a tensão e o relaxamento. Assim, eles naturalmente contraem todos os seus músculos (rigidez total). Nós testemunhamos isso todas as vezes em que vemos um faixa branca mover-se como um robô.

Isso é natural e esperado. Você se lembra de quando começou a aprender a dirigir? Você se lembra de como os seus braços estavam rígidos enquanto suas mãos estavam apertadas no volante? E agora, depois de anos dirigindo? A estas alturas, você deve estar dirigindo com uma mão relaxada no volante, enquanto a outra pode estar fazendo outras coisas como segurando uma xícara de chá, um celular, etc., o qual eu não recomendo de modo algum. Naturalmente você quer progredir em direção a esse nível (braços relaxados), pois você percebe que, dessa maneira, pode na verdade dirigir melhor e operar mais livremente. Se você fosse um instrutor de direção, você jamais diria para um aluno na sua primeira aula: "Aperte os seus braços para conseguir a força máxima para virar o volante". Você diria:

"Rebaixe os ombros e relaxe os braços".

Sim, é verdade que os propósitos finais são diferentes entre as técnicas de caratê e a habilidade de dirigir. Você não está tentando gerar *kime* quando está dirigindo; contudo, o conceito fundamental do controle do corpo ou dos músculos ainda é o objetivo de ambos. Ao alcançar o controle muscular refinado, um praticante pode superar os movimentos rígidos e robóticos, para chegar ao nível mais elevado de fluidez nos movimentos corporais.

Eu aconselho enfaticamente todos os instrutores a dizer aos seus alunos que relaxem o máximo possível antes de realizar algum movimento corporal, incluindo com as pernas. Você pode discordar da ideia de relaxar as pernas, uma vez que nós sempre devemos ter posturas fortes. Esse é um assunto interessante de discutir, mas nós precisaremos deixá-lo de lado neste momento, já que estamos tratando do conceito geral de tensão e relaxamento para o *kime*.

O fato de o *kime* prematuro resultar em um soco do tipo empurrão não é o único problema. Essa condição também vai torná-lo consideravelmente mais lento. Vamos voltar para a analogia de dirigir um veículo. Um soco que funciona como um empurrão é equivalente a pressionar o freio ao mesmo tempo em que se pisa no acelerador. Eu tenho certeza de que você já viu um automóvel na sua frente com as luzes de freio acesas continuamente, embora esteja ainda avançando. Sim, o motorista está pisando nos freios e no acelerador ao mesmo tempo. Embora ao dirigir esta ação possa ser aceitável, não é considerada uma prática de direção segura.

No karatê, nós não queremos ter uma técnica lenta, metade avançando e metade parando. Queremos ter um impacto rápido como um foguete que atinge um alvo. Você já ouviu falar de um foguete com um mecanismo de freio? É claro que não. Se esse é o caso, por que nós precisamos de *kime* ou de freio no karatê? Por que nós não podemos atirar o nosso punho como uma bala e atingi-lo estrondosamente contra o alvo?

Bem, uma bala é feita de metal, e pode penetrar em algo sólido, enquanto o nosso punho é muito macio e leve, assim ele não causa um impacto destruidor quando está completamente relaxado. Apenas imagine o que aconteceria com

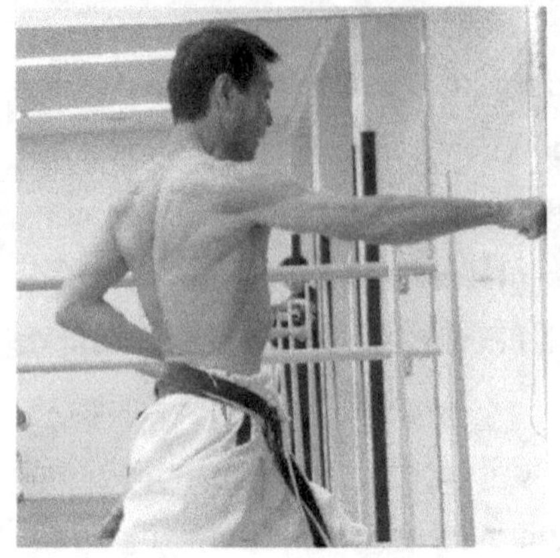

o seu punho se você atingisse um *makiwara* nessa condição relaxada. É por isso que você precisa apertar o seu punho, mas sem atirá-lo como uma bala. Você precisa usar o seu corpo para impulsionar o punho como o dispositivo explosivo em um foguete (veja a foto de Mikio Yahara [矢原美紀夫, 1947–] à esquerda).

Quando falamos de *makiwara*, tendemos a pensar em uma madeira sólida com uma almofada dura ou uma corda ao redor dela. Este é o tipo que a maioria dos praticantes avançados normalmente socam. Há também um mais suave que pode dobrar facilmente com uma almofada macia. Este é normalmente o indicado para os iniciantes. Há outra maneira de usar este *makiwara* suave pelos praticantes avançados, mas não abordaremos isso neste capítulo. Eu descrevi, no entanto, uma breve história do *makiwara* no Capítulo 4, então você pode aproveitar esse capítulo, se você for um admirador do *makiwara*.

Quando você soca um *makiwara*, mesmo que você apenas aperte os seus dedos, essa ação vai naturalmente contrair os músculos do antebraço e vai funcionar como um freio e retardar o seu soco. Assim, se o seu braço inteiro ou se o corpo inteiro estiver tenso, então a ação de freio criada será imensa.

É por isso que o *kime* não deve durar mais que um décimo, ou melhor, um centésimo de segundo. O *kime* pode ser comparado ao fio cortante de uma espada—quanto mais afiado o fio, melhor uma espada pode cortar. No karatê, uma tensão menor resulta em uma técnica mais afiada. Quando o *kime* é longo demais—digamos, um segundo ou mais longo—a técnica não é mais uma espada, mas uma vara de madeira. Uma vara ou um bastão de beisebol ainda podem machucar quando você bate com eles, mas não podem cortar.

Então, por que os instrutores não dizem simplesmente: “Utilize o *kime* por um centésimo (ou um décimo) de segundo”? É porque uma tensão longa tem o efeito visual e a aparência ilusória de um bom *kime*. É como alguém flexionar os músculos da parte superior dos braços e exibir os grandes bíceps mesmo que isso não forneça realmente nenhuma prova de poder ou força.

Realizar o *kime* corretamente constitui realmente uma técnica em si própria. Sim, trata-se de uma técnica (na realidade uma de alto nível) simplesmente ser capaz de controlar o seu corpo de tal maneira, tenha-se em mente uma técnica de karatê ou não. Muitos instrutores podem discordar da minha declaração anterior, afirmando que eles dizem aos iniciantes que relaxem. Eles podem estar fazendo isso, mas apenas isso não é suficiente. O que precisam fazer é ir além e ajudar seus alunos a atingir um relaxamento suficiente (ou uma diminuição da tensão a um nível mínimo).

Os iniciantes podem dizer que estão relaxados, mas na verdade estão muito tensos sem saber disso. Um trabalho importante para qualquer instrutor é baixar o nível de tensão antes do início do treinamento e tentar mantê-lo baixo por toda a sessão. Isso é realmente um desafio para os instrutores, já que eles poderiam receber um falso senso de satisfação com um treinamento duro, onde todos os alunos fiquem suados e ofegantes. Contudo, a coisa mais importante que os alunos precisam fazer nas aulas é aprender as técnicas e como melhorá-las. Se eles querem simplesmente suar e ficar cansados, eles sempre podem ir a uma academia para levantar grandes quantidades de peso. Nós temos que ser honestos e nos desafiar a ensinar em ambientes onde os alunos possam aprender.

Eu devo observar que um fator que permite, e na verdade encoraja, o "*kime* longo" é a popularidade das disputas de competição (tanto *kata* [形] quanto *kumite* [組手]). Eu me dispenso de explicar os detalhes aqui. Eu considero isto desnecessário, já que acredito que a maioria dos leitores já conhece o relacionamento entre *shiai* e o *kime* longo.

Condizentemente, muitos mestres conhecidos perceberam a dificuldade de obter o relaxamento e fizeram algumas modificações na sua maneira de ensinar e de treinar. Eu gostaria de abordar o que os três mestres a seguir tentaram e fizeram: Shigeru Egami, Hirokazu Kanazawa e Tetsuhiko Asai.

Shigeru Egami (江上茂, 1912–1981)
Shotokai (松濤會)

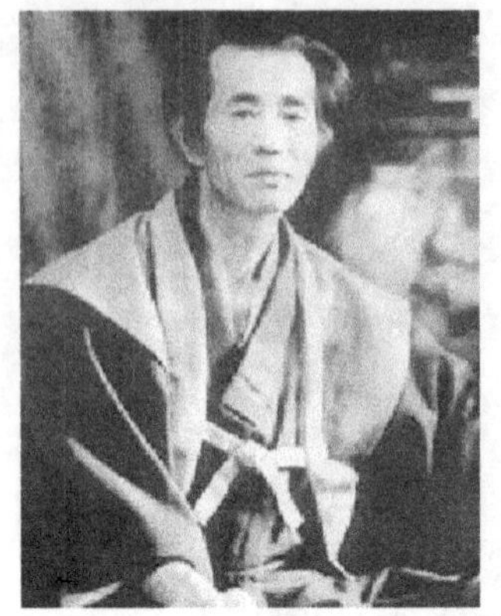

De acordo com a biografia de Egami Sensei, vista no site *Shotokai Encyclopedia Karate-do & Martial Arts*, Egami herdou a organização da Shotokai aos 45 anos, depois da morte do Mestre Gichin Funakoshi (船越義珍, 1868–1957) em 1957. Aqui está um parágrafo relacionado com o ponto que eu tenho discutido:

> Quando você analisa o Karate-do que Egami desenvolveu ao longo dos seus anos de estudo, a mecânica de algumas técnicas variava, a zona de ataque, os movimentos, etc. Em termos gerais, o método tornou-se mais fluido, mais contínuo. Uma forte ênfase no relaxamento e no desenvolvimento de um *kime* perfeito, focando toda a energia em um ponto.

A última frase acerta bem no alvo. Para desenvolver um *kime* perfeito, ele acreditava que o praticante deve enfatizar o relaxamento. "Foca[r] toda a energia em um ponto" indica o processo de transformar um punho em uma bala que penetrará o oponente.

De acordo com a versão japonês do site da Nihon Karatedo Shotokai (http://www.shotokai.jp/en_about/en_teacher/en_egami), Egami começou a mudar o seu treinamento após a morte do Mestre Funakoshi. Explica que ele buscou o "soco definitivo com poder máximo de penetração". Se isso era o que ele queria atingir, foi bastante natural que ele tenha vindo a perceber que relaxamento total era a chave. A Shotokai parece ser uma organização muito exclusiva e os seus membros não acreditam em torneios. Eles tendem a ficar distantes da atuação conjunta com outras organizações de Shotokan (pelo menos no Japão e nos Estados Unidos).

Uma consequência interessante vinda da busca pelo relaxamento total no karatê feita por Egami foi o nascimento de uma nova arte marcial, o Shintaido (新体道). Ela foi fundada por um dos alunos de Egami, Hiroyuki Aoki (青木宏之,

1936–). Eu não tenho espaço para explicar o que é o Shintaido em detalhes aqui. Posso apenas dizer que as suas técnicas possuem muito mais movimentos corporais circulares e movimentos relaxados, como acontece na Shotokai. Eu sugiro que os leitores interessados pesquisem um pouco sobre as técnicas não apenas da Shotokai, mas também do Shintaido, para ampliar o seu conhecimento e sua perspectiva.

Hirokazu Kanazawa (金澤弘和, 1931–)
Shotokan Karate-do International Federation (國際松濤館空手道連盟)

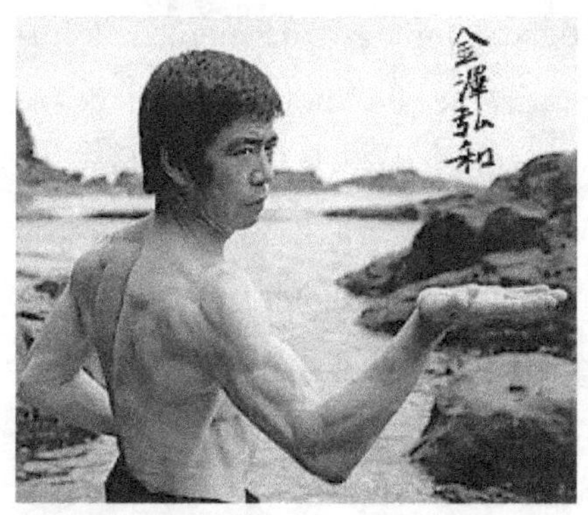

Kanazawa era um astro em ascensão na Japan Karate Association (日本空手協会 [JKA]) nos anos 60 e 70, mas ele deixou a JKA em 1978. Ele e a sua organização, a Shotokan Karate-do International Federation (SKIF), surpreendentemente, são mais bem conhecidos fora do Japão.

É um fato bastante conhecido que ele pratica o tai chi e o aikidô para suplementar o seu treinamento. Mesmo que haja muitos estilos diferentes de tai chi (antes chamada de *tai chi chuan* ou *tàijíquán* [太極拳]), o treinamento mais conhecido são as rotinas em câmera lenta que grupos de pessoas praticam juntos em parques na China. Esta é considerada uma arte marcial de estilo suave, uma arte aplicada com poder interno. Obviamente, ele complementou a arte marcial de *estilo duro* que é o Shotokan com esta arte marcial de estilo suave para suplementar o seu treino e obter movimentos fluidos.

Ele também escolheu o aikidô obviamente para aprender uma arte marcial que focasse em técnicas de arremesso. O aikidô e o judô possuem o mesmo ancestral, o *jujutsu*, mas é natural que ele tenha escolhido o aikidô e não o judô, uma vez que o primeiro possui um *maai* (間合い, 'distância') similar, enquanto que o do segundo é uma distância de agarramento. As técnicas do aikidô não dependem de poder muscular, mas em vez disso de técnicas para desequilibrar o oponente com um *maai* similar ao do karatê.

Uma vez que eu assisti apenas a alguns seminários de Kanazawa e não possuo contato pessoal com ele ou sua organização, estas declarações sobre ele e seu treinamento são apenas minhas suposições.

Tetsuhiko Asai (浅井哲彦, 1935–2006)
Japan Karate Shoto Federation (日本空手松濤連盟)

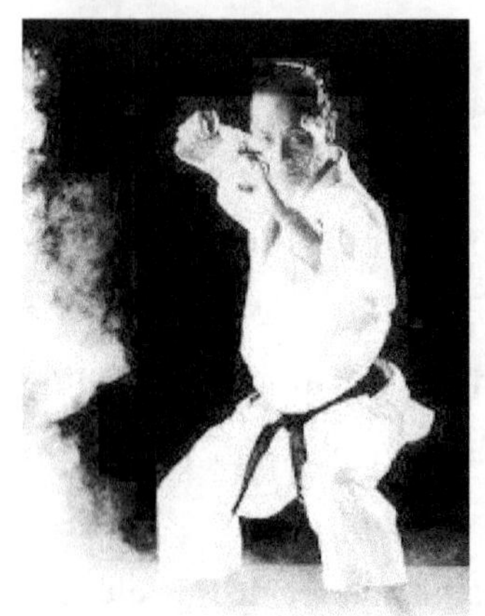

É realmente lamentável que Asai tenha falecido em 2006, mas ele deixou uma grande marca e influência em todos os praticantes do Shotokan, bem como nos de outros estilos tradicionais de karatê. Ele é conhecido por seu corpo flexível e ágil, assim como pelas suas técnicas com ação de chicote. Eu tenho sorte de ter recebido algumas lições pessoais com este instrutor mundialmente famoso.

Asai aprendeu um estilo chinês, assim como Kanazawa, mas ele escolheu um estilo rígido que foca no poder externo, isto é, o estilo da Garça Branca, o qual é conhecido como *hakutsuru ken* (白鶴拳 [lido como *báihèchuán* em chinês]), quando foi para Taiwan nos anos 60. Lá, ele conheceu sua esposa e o irmão mais velho dela. O cunhado de Asai é um mestre neste estilo e agora está na faixa dos oitenta anos. A Sra. Asai me contou muitas histórias interessantes sobre os treinamentos e os intercâmbios de técnicas entre estes dois mestres de dois estilos diferentes.

Asai sempre possuiu um corpo flexível, mas com o kung fu estilo Garça Branca, ele aprofundou o seu conhecimento de como usar seus braços e pernas como chicotes. Para fazer isso, ele aprendeu que a parte superior do seu corpo precisava estar completamente relaxada para lançar um golpe e que os seus músculos da perna precisavam estar completamente relaxados para executar um chute. Ele também aprendeu a controlar separadamente seus músculos de maneira tão refinada quanto possível para ganhar a destreza das diferentes partes do seu corpo. Asai viajou muitas vezes para a Europa, então eu tenho certeza de que muitos praticantes da Japan Karate Shoto Federation (JKS) naquela região testemunharam os seus feitos.

Ele possuía tanto controle dos músculos ao redor dos seus ombros, que movendo apenas o ombro rapidamente ele podia causar um impacto tão forte como o de um soco direto. Para ele, um soco de uma polegada era uma tarefa fácil. Ele dizia que o último nível era o soco de zero polegada, com o braço completamente estendido e um punho tocando o alvo. Uma vez que ele conseguia socar com o seu ombro, tudo o que ele tinha que fazer era transferir a energia para o seu braço estendido.

Ele também demonstrava o mesmo poder vindo dos seus quadris. Ele podia derrubar você com um chicoteio de quadril quando você tentasse segurá-lo com um movimento de abraço. É óbvio que, para realizar essas proezas, o corpo do praticante não pode estar tenso. Mesmo nos seus últimos anos, ele passava um mínimo de duas horas todas as manhãs para alongar-se e percorrer um conjunto de exercícios complexos para relaxar seus músculos. Você pode ver alguns desses exercícios únicos no vídeo (VHS) da JKS no qual o próprio Asai realiza muitos *kata* e *bunkai*, inclusive as da JKA e do kung fu estilo Garça Branca.

Como instrutores do século XXI, nós agora somos obrigados a ter uma compreensão melhor da fisiologia e cinesiologia. Vamos reconhecer a importância do relaxamento corporal e aumentar o foco na preparação do nosso corpo para aprender, em vez de nos ocuparmos apenas com tensão ou geração de força. A tensão é um grande obstáculo para os iniciantes e alunos que estão tentando aprender técnicas.

No final, mais relaxamento resultará em melhor *kime*, ainda com os benefícios adicionais de melhor controle do corpo e fluidez dos movimentos corporais. Ao alcançar isso, nós podemos orgulhosamente convidar os praticantes de kung fu para o nosso treino e impressioná-los não só com o nosso poderoso *kime*, mas também com os nossos movimentos fluidos exatamente como Asai Sensei e Kanazawa

Sensei fizeram com os praticantes de artes marciais chineses. Na verdade, tanto a JKS quanto a SKIF possuem escolas em Taiwan e na China continental.

Para concluir, eu recomendo a todos os *yudansha* (有段者, 'faixas pretas') que reduzam a ênfase no *kime* nos seus treinamentos e que prestem mais atenção a como relaxar seus corpos. Não será hora de nós, *yudansha*, abandonarmos os movimentos corporais robóticos (rígidos) e começarmos a aprender a produzir mais força e movimentos corporais mais fluidos?

Capítulo Dois
第二章

Hikite
引き手

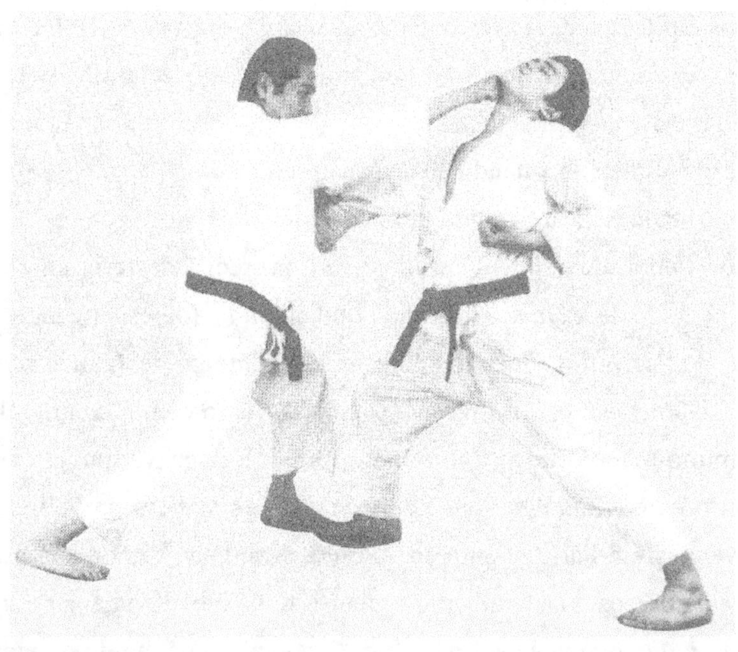

Asai Sensei realiza *jodan teisho uchi*. Repare no *hikite* característico com a mão esquerda.

Um bom *hikite* é obrigatório para se desferir um soco poderoso? *Hikite* (引き手) é uma palavra japonesa composta de *hiki* (引き), que significa 'puxar' ou 'sacar', e *te* (手), que, é claro, significa 'mão'. Quando eu comecei a treinar karatê nos anos 60, as primeiras lições que recebi foram dadas por um *senpai* (先輩), e ele me mostrou como fazer um *chudan zuki* (中段突き) em uma postura natural. Eu nunca me esquecerei dele, Kato Senpai (加藤先輩). Ele mal chegava a um metro e meio de altura, mas era rápido como um raio (é como me lembro dele, praticando Enpi).

De qualquer modo, Kato Senpai disse: "Estenda a sua mão esquerda e coloque seu punho direito em seu quadril direito. Certo, e é assim que você começa um soco. Agora, puxe o punho esquerdo para o quadril muito rapidamente, e ao mesmo tempo soque com o punho direito, assim". Ele me mostrou um *chudan seiken zuki* (中段正拳突き) impressionante muitas vezes na minha frente. Embora parecesse bastante simples e fácil de imitar, eu achei que o giro do punho que socava era difícil, bem como puxar o outro punho para o quadril (*hikite*). Ele explicou: "Você precisa prestar mais atenção ao seu *hikite* do que ao punho que está socando. Quanto mais rápido e mais forte você puxar o *hikite*, mais rápido e forte será o seu soco". Como era o meu primeiro dia treinando karatê, a declaração dele provocou um grande impacto na minha mente.

Alguns meses depois, quando eu estava aprendendo *gohon kumite* (五本組手, 'luta de cinco ataques'), eu tive um problema com o *hikite* novamente. Como todos nós sabemos, depois da quinta defesa, o defensor precisa desferir um contragolpe. Como defensor, eu deixava a minha mão que defendia (defesa ascendente, defesa para baixo, etc.) estendida quando eu desferia o contragolpe. O meu *senpai* dizia: "Não! Não! Não! Você precisa fazer o seu *hikite* junto com o contragolpe. O seu soco será muito mais forte com um *hikite* forte". Eu achava que já era capaz de desferir um bom contragolpe, mas não executar o *hikite* era um grande erro que eu precisava corrigir. Para ser sincero, isso era difícil não só por causa da coordenação dos dois braços, mas também porque eu tinha medo de baixar a minha mão de defesa do *jodan age uke* (上段上げ受け) quando o punho do oponente estava próximo à minha cabeça. Eu temia que o seu punho pudesse atingir o meu rosto, mas depois descobri que o oponente era bastante camarada, assim ele golpeava em uma altura acima da minha cabeça.

Eu suspeito que o tipo de experiência descrito acima é muito comum para a maioria das pessoas quando começam a treinar karatê. Eu devo enfatizar que a correção e a mudança forçadas por aquele *senpai* eram as coisas certas a se fazer e eu teria feito o mesmo se estivesse na situação dele. Ao socar com *hikite*, os dois braços movem-se em direções opostas simultaneamente. Esse processo deve tornar-se tão natural quanto dois pés que se movem em harmonia quando você está andando. Se você arrastar o pé de trás e tentar andar com apenas um pé, a caminhada não será suave e o movimento não é natural. O mecanismo de andar é muito natural para nós e o mecanismo do *hikite* também pode ser natural para o *karateka* (空手家) após um ano de prática. Depois que ele se torna parte do seu movimento natural, você não pensará muito a respeito, e terá um soco poderoso acompanhado de um bom *hikite*. A essa altura, você terá dominado uma técnica de karatê. Isso é ótimo. Nós estamos satisfeitos. Agora eu quase posso ouvir você dizer: "Sim, então qual é o problema?".

Neste capítulo eu não estou contestando a importância do *hikite*. Eu também concordo que ele merece ser ensinado e enfatizado para todos os alunos de nível *kyu*. O que eu estou questionando é que este conceito tão solidificado continue sendo transmitido da mesma maneira aos *yudansha*. Com o aumento da popularidade do *kumite* de competição, onde um *hikite* visível é quase obrigatório para conseguir um ponto, ninguém mais pensa em questionar. Tornou-se assim um mito popular e nunca contestado.

Eu comecei a me perguntar sobre isso quando me tornei um faixa marrom, quando fui exposto aos *morote waza* (諸手技, 'técnicas com ambas as mãos'), como *yamazuki* (山突き) no Bassai Dai e *morote zuki* (諸手突き) no Tekki. Contudo, eu não perguntei ao meu *sensei* sobre isso, pois eu tinha apenas 16 anos. Além disso, nas competições nós nunca usávamos ou tínhamos visto essas técnicas (nos anos 70 e 80). As técnicas de mão que pontuavam eram quase sempre *jodan oi zuki* (上段追い突き) ou *chudan gyaku zuki* (中段逆突き) com um *hikite* bom ou até mesmo excessivamente enfatizado. Então, isso não era uma questão importante para mim durante os meus dias de competição.

Eu sentia que faltava algo no *shiai kumite* (試合組手, 'luta de competição'), assim eu me aposentei das competições quando tinha 35 anos. Eu rapidamente comecei a refletir seriamente sobre as técnicas de artes marciais. Você não vê a maioria das técnicas *reais* no ambiente controlado do *shiai*. Para ser mais claro, eu não estou menosprezando as competições. Elas possuem o seu lugar próprio e seus méritos, mas são um mundo diferente do das artes marciais.

Em uma situação de defesa pessoal, você pode não ter ambas as mãos livres ou o espaço necessário para uma postura longa ou para trocar de posição. Além disso, você pode ter múltiplos oponentes. Nessas situações, você precisa desferir o primeiro soco ou realizar as técnicas (defesa e contra-ataque) simultaneamente. Essas são as técnicas que estão mostradas dentro dos *kata*, e todos nós sabemos que os *kata* foram criados a partir da experiência real de luta dos mestres do passado. Além disso, em situações de defesa pessoal, um movimento amplo de ambos os braços viajando em direções opostas não é uma boa ideia, assim como as posturas longas e os *kamae* (構え) que nós vemos nos torneios também são indesejáveis. Realizar movimentos imperceptíveis é uma necessidade em uma luta real.

Conforme alcançava técnicas de um nível mais alto, eu comecei a perceber que é necessário um controle mais definido dos seus membros para realizá-las. Este é o conceito do *kattai* (割体), o qual significa 'partes do corpo divididas' ou 'partes do corpo segmentadas'. Este conceito é muito importante e necessário para se realizarem as técnicas de alto nível. Ele pode ser compreendido, talvez, em uma analogia com a bela música de uma orquestra. Embora muitos instrumentos musicais diferentes toquem cada um suas partes respectivas e sons diferentes, juntos estes instrumentos estão tocando a mesma sinfonia. Para produzir técnicas de alto nível, o corpo precisa ser usado como uma orquestra.

Mas você poderá dizer: "Ei, eu tenho apenas quatro instrumentos: dois braços e duas pernas. Como eu posso ter uma orquestra?". Você está subestimando completamente o que você tem. Os instrumentos que você possui são todos os seus músculos (mais de 650 no corpo), articulações (cotovelos, pulsos, tornozelos, joelhos, etc.) e ossos (206 ao todo). Você tem aproximadamente 900 “instrumentos”, e a maioria deles é móvel (com a possível exceção dos ossos da cabeça), assim você pode ver que o corpo é uma grande orquestra. Um exemplo mais simples pode ser encontrado em outros esportes, como beisebol, futebol, basquete, etc. Na foto mostrada à direita, o lançador deve executar a ação ou técnica final (neste caso, atirando uma bola de beisebol), dividindo os lados esquerdo e direito de seu corpo para realizar dois movimentos diferentes.

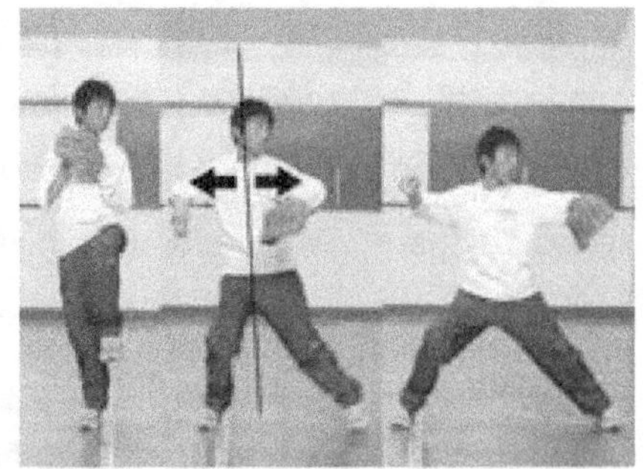

Um bom exemplo de um soco sem *hikite* é o soco de uma polegada. Muitas pessoas podem achar que o soco de uma polegada é uma habilidade de nível extremamente alto, mas a maioria dos praticantes de nível *nidan* ou mais alto podem dominar esta técnica se eles forem ensinados, mas, infelizmente, muitos instrutores não sabem como realizá-la. Na verdade, se você aprendeu a transferir energia através da coordenação fina de músculos e articulações, você pode socar com o seu punho tocando o alvo (isto é, soco de zero polegada o soco já em contato). Eu precisaria de muitas páginas para explicar completamente o mecanismo do soco de uma polegada e a sua técnica, assim, neste capítulo, vou apenas fornecer um resumo para explicar a ideia básica.

Para transferir o máximo de energia em um soco de uma polegada (ou de zero polegada), uma pessoa precisa saber deslocar rapidamente o centro de gravidade, da perna de trás para a da frente (isto é, a do lado do soco). Isso requer um refinamento na movimentação dos músculos e das articulações não apenas das pernas, mas também dos quadris, dos ossos da coluna e de parte dos grupos musculares da parte superior do corpo.

O braço que soca fica quase completamente esticado, assim não haverá praticamente nenhum movimento do braço (incluindo o do pulso e do cotovelo). Na verdade, o braço e o punho são apenas a ferramenta de transmissão da energia (como uma lança ou uma estaca). Haverá uma coordenação muito fina e bem orquestrada dos ossos da coluna, das juntas do ombro e dos grupos musculares ao redor deles para produzir o soco.

Com um pequeno deslocamento dos quadris e um pequeno ponto de contato (uma ou duas articulações do punho), o *karateka* pode transferir uma grande quantidade de energia e produzir um impacto significativo no alvo. Na verdade, o ombro e os músculos do lado do corpo que não soca deverão estar totalmente relaxados para gerar a energia no lado que soca, porque é necessário ter uma coordenação tão precisa, que é melhor utilizar somente o grupo de músculos indispensáveis para desferir o soco. Não haverá rotação da parte superior do corpo para produzir energia. Além disso, não há tempo para um movimento de *hikite* no soco de uma polegada e, mais importante, o movimento de *hikite* é contraproducente para este soco.

Em *morote waza*, obviamente não pode haver nenhum *hikite*. Nós vemos muitos *morote waza* em *kata*, o que nos indica que os mestres do passado acreditavam que o *hikite* não era obrigatório para desferir uma técnica eficaz. Isso pode aplicar-se não apenas às técnicas de soco, mas também às de bloqueio. Se você pretende inutilizar o braço de um atacante com um bloqueio muito forte, você pode acrescentar um *hikite*. Contudo, também precisa ser capaz de desferir defesas eficazes sem depender do *hikite* ou de alavancar o movimento com uma mão puxada para trás. Enquanto você está bloqueando com uma mão, é muito eficaz usar a outra simultaneamente para realizar um contra-ataque.

Outro ponto importante é que não existe vantagem em segurar o punho próximo ao quadril. Esse tipo de *hikite* é chamado de *shinite* (死に手, literalmente, 'mão morta'), o qual significa que é uma concha vazia. A mão precisa ficar alta, próximo ao rosto para proteger o rosto e a cabeça. Ao mesmo tempo, a mão fica mais próxima do alvo e posicionada para um soco.

Você pode se surpreender ao descobrir que uma pessoa pode desferir um soco a partir de uma posição de braço relaxado e estirado para baixo mais rapidamente que um soco que sai da posição dos quadris. Manter o punho no quadril força alguns músculos da parte superior do braço e da região do ombro a contraírem-se, o qual torna o soco mais lento. Uma mão estirada para baixo pode ser chicoteada muito rapidamente e pode transferir uma grande quantidade de energia se uma técnica de soco de uma polegada é usada no momento do impacto.

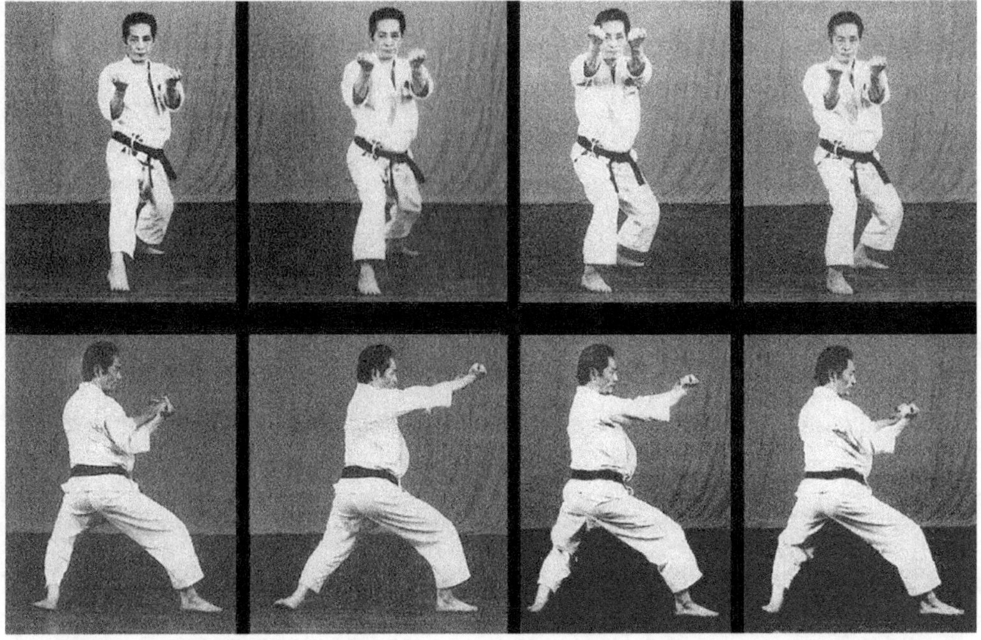

Então, eu espero que você concorde que a crença na necessidade do *hikite* para produzir um soco, bloqueio ou outra técnica forte é um mito. Eu também espero que todos os instrutores e faixas pretas de graduação elevada estejam treinando de modo a poderem melhorar o seu controle dos vários músculos dos seus corpos (*kattai*), para que o movimento independente dos membros individuais torne-se possível. Por favor, lembre-se de que um corpo deve tornar-se como uma orquestra para atingir técnicas de karatê de alto nível. Ao sermos capazes de coordenar e mover diferentes partes (instrumentos) do corpo de maneira habilidosa, nossos movimentos tornam-se uma forma de arte, assim como uma orquestra pode produzir uma bela peça musical.

Finalmente, eu quero acrescentar que o karatê original, talvez inclusive nos ensinamentos de Funakoshi Sensei, enfatizava o *hikite* por razões diferentes e, na verdade, mais baseadas em princípios próprios das artes marciais. Em Okinawa, existe um ditado: "Torne o seu oponente uma estátua antes de você desferir um soco". Isso significa que você deve primeiro desiquilibrar seu oponente para conseguir o efeito máximo da sua técnica de ataque. Existem três maneiras básicas de obter este efeito:

1. Desequilibrar o oponente.
2. Atacar os olhos ou a região ocular para causar cegueira temporária.
3. Aguardar até o momento exato em que o oponente inicia sua inspiração.

Eu poderia abordar todos os três pontos em profundidade, mas para este capítulo vou explicar somente o primeiro. Obviamente, se o oponente está desequilibrado, ele não será capaz de atacar ou mesmo defender-se adequadamente. Como você faz isso? Você pode empurrá-lo ou dar-lhe uma rasteira com o pé, ou outro método comum é puxar o oponente na sua direção. Assim, o ensinamento antigo era agarrar o pulso, manga, roupas, etc., do oponente e puxá-lo em direção a você conforme você desferia o seu soco. Infelizmente, este conceito foi lamentavelmente esquecido nos ensinamentos, e apenas a palavra *hikite* foi o que restou. Assim, alguns instrutores desinformados começaram a alegar que o *hikite* era necessário para produzir um soco mais rápido e mais forte. Evidentemente, muitos alunos acreditaram neles, assim este conceito errado tornou-se parte do currículo de ensino. Como é lamentável que o ensinamento original se tenha perdido.

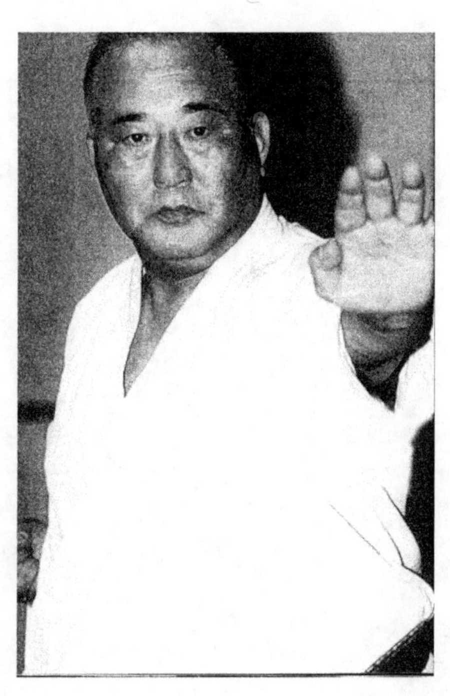

Capítulo Três
第三章

Retorno Rápido do Pé no Mae Geri
前蹴りのスナップバック

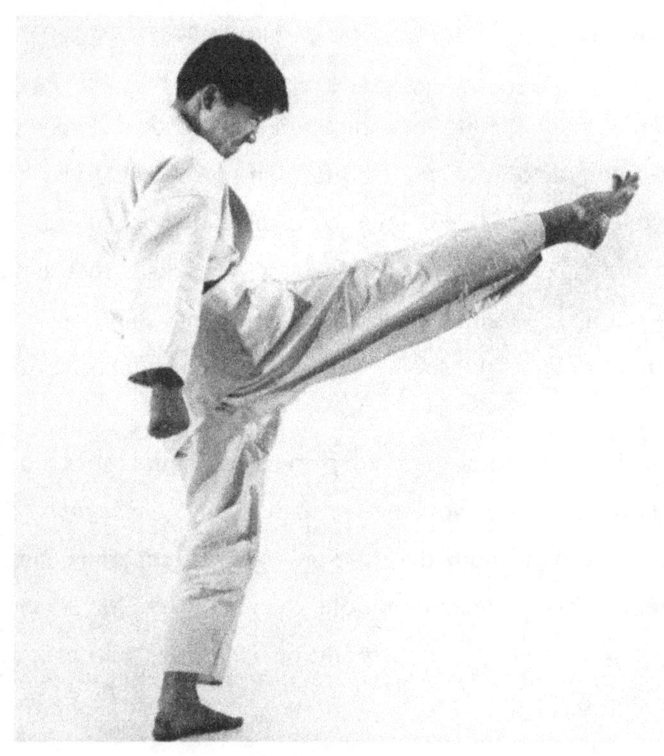

Durante o seu treinamento, no passado, você já ouviu algum instrutor gritar: “Puxe mais o pé!” ou “Retorne o pé mais rápido!” enquanto você estava fazendo *mae geri* (前蹴り)? Você se lembra também que o grito dele enfatizava retornar o pé rapidamente *para trás*? Sim, eu tenho certeza de que você teve essa experiência, e muito provavelmente ouviu essas frases várias vezes.

Então, vamos ver como funciona esse retorno rápido. Dê uma olhada na fórmula a seguir:

$$F = ma$$

F (a força ou quantidade de energia de impacto) é igual a *m* (massa) vezes *a* (aceleração). Esta equação física simples prova a importância de um retorno rápido. Uma vez que a massa é constante—já que o seu pé não vai mudar de peso, esteja ele viajando para frente ou para trás—o ato de puxar rapidamente para trás no *mae geri* poderia potencialmente dobrar a aceleração, e desse modo aumentar a energia de impacto. Assim, é fácil ver que o fato influenciador é *a*, ou a aceleração do pé.

Portanto, significa que quanto mais rápida a velocidade da puxada do pé para trás, mais grande o impacto do chute. Isso faz sentido? Assim, o comando do seu *sensei* estava certo e você deve a ele um grande obrigado por esse comando. Agora você pode perguntar: “Por que você está fazendo caso disso tudo então?”. A minha resposta é a seguinte pergunta para você: “Um chute sem uma puxada rápida para trás é um chute ruim ou pobre?”. Se você disser que sim, então você precisa continuar lendo.

Existe algum chute sem retorno rápido para trás que ainda seja considerado um bom chute? É claro que existe. Você não praticou *yoko geri kekomi* (横蹴り蹴込み) milhares de vezes? Você pode dizer: “Sim, mas nós puxamos para trás depois do *kekomi* também”. Você pode acreditar que é isso que você faz, mas se você está executando o *kekomi* corretamente, acredite ou não, você *não* está realizando o mesmo tipo de retorno rápido.

Você precisa perceber que o movimento do pé no *kekomi* é na verdade trazer o pé de volta, o qual é diferente da puxada rápida do pé executada no *keage* (蹴上げ). Novamente, se você está executando o *kekomi* corretamente, o pé que realiza o chute irá parar no momento em que sua perna estiver completamente estendida. Se ela não estiver, então você tem um *keage*. Assim, mesmo que você puxe rapidamente a parte inferior da sua perna (mas não com um efeito "bate-e-volta") logo depois que o seu pé para, isso não vai representar um acréscimo à aceleração do seu pé em um chute.

Mas você pode pensar: "Certo, isso pode ser verdade, mas o meu *kekomi* pode criar um grande impacto, talvez mais do que o do meu *keage*". A sua observação estaria correta e é exatamente por isso que eu escrevi este capítulo. Perceba que a energia que o seu oponente recebe de um *kekomi* não é proveniente apenas do impacto, mas da força acumulada. Aqui está a fórmula:

$$GF = mat$$

FA (a força bruta ou força acumulada que alguém recebe de um chute) é o resultado da multiplicação de *F* (representada aqui por *ma*, o qual é massa vezes aceleração) e *t* (o tempo que duram o chute e o empurrão). No *keage*, o tempo de impacto é mínimo, assim é preferível aumentar a aceleração do retorno rápido do pé a fim de gerar um impacto maior. No *kekomi*, por outro lado, você não possui o retorno rápido (aceleração aumentada), mas você pode estender o tempo do chute com a penetração do seu golpe (principalmente com um movimento horizontal da região dos quadris) para aumentar a força acumulada.

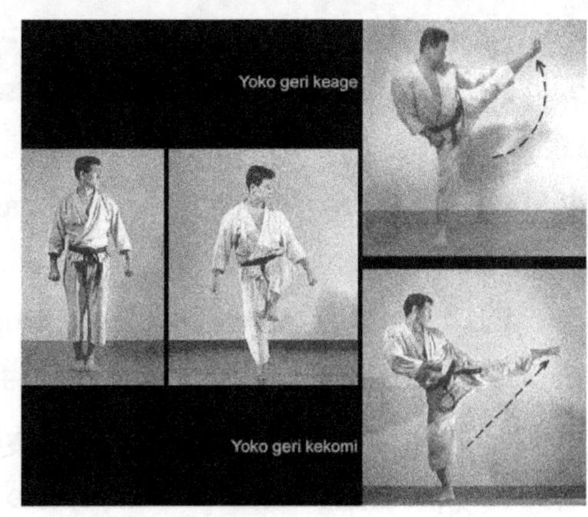

Vamos ver como isso funciona. Se o tempo de impacto do *keage* for de 0,1 segundo e o do *kekomi* for de 0,4 segundo (quatro vezes mais longo) mas com uma aceleração de somente a metade da aceleração do *keage*, isso produzirá uma força acumulada no *kekomi* que é duas vezes maior que a do *keage*. Assim, temos uma demonstração matemática de por que o *kekomi* é mais devastador e poderoso.

Bem, se esse é o caso, quer dizer que o *kekomi* é melhor que o *keage*? Como todos nós sabemos, não podemos comparar a importância destes chutes, ou a de quaisquer outras técnicas, aliás. O caráter, ou papel, do *keage* é diferente em relação ao do *kekomi*—eu tenho certeza de que não preciso explicar esse ponto—assim eles são usados de forma diferente e são técnicas de karatê igualmente importantes.

Assim, toda esta inquietação que estou levantando diz respeito ao *kekomi*. Nós estamos muito familiarizados com estes dois chutes diferentes: *yoko geri keage* e *yoko geri kekomi*. Mas espere um momento. Nós vemos *mae geri kekomi* (前蹴り蹴込み) ou *mawashi geri kekomi* (回し蹴り蹴込み) sendo incorporados no nosso treino regular? Não? Você não concorda que é um tanto estranho que isso não aconteça? Se você pode dizer: "O meu *sensei* inclui esses chutes no nosso menu regular de treinos", então você tem muita sorte. Mas em dezenas de *dojo* que eu visitei ou observei—embora esse número seja limitado e não corresponda à totalidade do fenômeno—eu não vi estes chutes nos seus treinamentos de *kihon* (基本).

Você pode se perguntar se estes chutes são realmente tão impopulares. Deixe-me provar que eles realmente não são populares ou do currículo padrão. Todos nós conhecemos a *Wikipédia*, a enciclopédia pública onde qualquer um de nós pode ser um contribuinte e fornecer informações relevantes para criar uma biblioteca virtual de referências. Eu sugiro que você confira como os chutes do karatê são apresentados e listados nesta enciclopédia da internet. Vá para "Lista de Técnicas do Caratê" e então "Keri Waza". Lá são listadas técnicas de chute que incluem *yoko geri keage* e *yoko geri kekomi*; mas nós encontramos apenas *mae geri* e *mawashi geri*. Nós não vemos nenhuma outra técnica do tipo *kekomi* listada no tópico de chutes. Centenas, se não milhares, de praticantes de Shotokan devem ter visto esta página, mas nenhum adicionou *mae geri kekomi* ou *mawashi geri kekomi*. Incrível! Isso significa que esses chutes não foram considerados suficientemente padronizados para serem mencionados lá.

É claro, existem outros chutes, como *ura mawashi geri* (裏回し蹴り), *gyaku mawashi geri* (逆回し蹴り), *kakato otoshi geri* (踵落とし蹴り), *kaiten geri* (回転蹴り), etc., que não estão listados lá, mas esses chutes podem ser classificados como não-padrão. Então, por que ignorar *mae geri kekomi* e *mawashi geri kekomi*? *Mae geri kekomi* não deve ser considerado não-padrão, uma vez que nós o encontramos no *kata* Unsu (雲手). Este não é um *kata* avançado para os *kuro obi* (黒帯, 'faixas pretas')? Existe algo muito estranho sobre esta lacuna, e é um mistério estes chutes serem ignorados.

A propósito, você talvez já saiba disto, mas *mawashi geri* é uma técnica de chute que foi acrescentada depois que o karatê foi introduzido no Japão a partir de Okinawa um pouco menos de cem anos atrás, assim ele não era praticado no Okinawa antigo. Logo, é natural que nós não vejamos este chute nos *kata*.

Mas você conhece este outro fato interessante? *Mikazuki geri* (三日月蹴り), definitivamente um *kekomi geri*, está incorporado em muitos *kata*, como Heian Godan e Bassai Dai. Contudo, este chute foi acrescentado apenas recentemente à lista da *Wikipédia*. Assim, será que eu posso assumir que o *mikazuki geri* é outro chute não praticado no treinamento regular de *kihon* ou *kumite*? Não me admira que este chute não seja bem lembrado. Isso é um mistério, não é?

Aqui está outra questão muito interessante: será que os mestres antigos de Okinawa nunca praticaram *mawashi geri*? Eu tenho certeza de que sim, pois o *mawashi geri* é uma técnica de chute muito rápida e útil. No entanto, eles não deixaram as outras pessoas saberem sobre esta técnica, que era secreta naquela época, já que isso revelaria a sua fraqueza. Assim, para os *kata*, eles incorporaram *mikazuki geri* em vez de *mawashi geri*, uma vez que este último expõe muito a região da virilha.

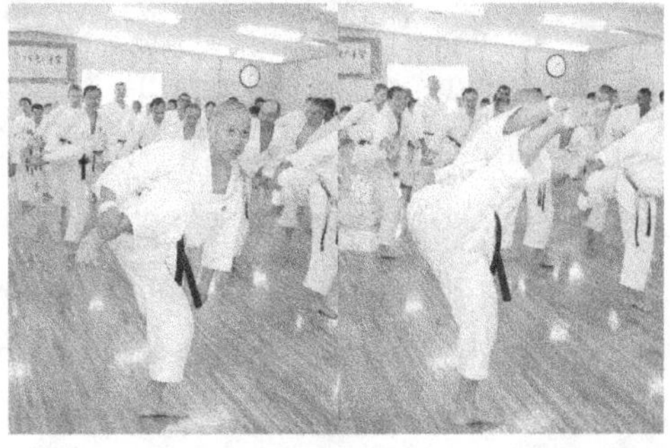

Então, o leitor pode perguntar: "Mas o *yoko geri* também não expõe a área da virilha?". Você estaria certo em sua observação, e é por isso que os *kata* antigos de Okinawa não possuem *yoko geri*. Na realidade, os *yoko geri* presentes no Heian Nidan e no Heian Yondan eram *mae geri* quando os *kata* Heian foram criados no final do século XIX por Anko Itosu (糸洲安恒, 1831–1915), um dos instrutores de Funakoshi. Confira os *kata* Heian (ou Pin'an) conforme praticados no Shito Ryu e nas várias escolas do Shorin Ryu de Okinawa. Os seus chutes ainda são feitos como *mae geri* e não *yoko geri*.

Agora, deixe-me retornar a *mae geri* e *mawashi geri*. Eu gostaria de mencionar o assunto muito importante de por que *mae geri kekomi* e *mawashi geri kekomi* têm sido esquecidos. A resposta é que a popularidade do *kumite* de competição resultou no quase abandono destes chutes. Então, como foi que o *kumite* de competição exerceu uma influência tão grande sobre as técnicas de chute? É uma questão complexa e delicada, mas eu me esforçarei ao máximo para lançar um pouco de luz sobre este assunto ignorado.

Existem duas razões óbvias e ambas provêm de como as nossas técnicas são arbitradas no *kumite* de semicontato. Uma é que a eficácia de um chute (*waza ari*) não é julgada pela sua habilidade de derrubar um oponente, mas pela sua aparência—essa é a palavra-chave—para o árbitro. A outra é que, em geral, derrubar o oponente será considerado como um *chui* (注意, 'advertência') ou, no caso de quem sofrer a técnica ser nocauteado, um *hansoku* (反則, 'falta'). Alguns torneios são mais duros que outros e a regra de *hansoku* pode não ser imposta rigorosamente nessas competições, mas é óbvio que um chute assim definitivamente não dará um ponto para quem o desferiu. Um chute (ou um soco, se for o caso) no *kumite* de não contato não deve resultar em contato físico para que possa levar a uma pontuação.

Assim, você não pode penetrar no abdome ou no queixo do seu oponente com o seu *mae geri* para obter um ponto. Além do mais, se você mantiver a perna esticada para realizar um *mae geri kekomi* sem tocar o seu oponente, este poderá facilmente agarrar a sua perna e derrubá-lo com muita rapidez. Por essa razão (não por querer causar mais impacto), você é forçado a puxar a perna de volta rapidamente, o qual significa que o seu chute deve ser *keage*. Embora isso pareça tolo, infelizmente, é um desdobramento natural e inevitável.

Agora você pode perguntar: "Então, por que o *yoko kekomi* é amplamente praticado?". Essa é uma pergunta muito boa. De todos os três chutes mais populares (*mae geri*, *mawashi geri* e *yoko geri*), *yoko geri* é o chute mais lento, por causa da mecânica corporal envolvida. Uma vez que se precisa do maior tempo para executá-lo, a maioria dos competidores não opta por ele em torneios. Eu vi alguns competidores posicionarem-se em uma postura semelhante ao *kiba dachi* (騎馬立ち) e tentarem realizar um chute com um avanço lateral ao estilo de Bruce Lee. Infelizmente, este estilo resulta em um chute muito visível e não funciona realmente como aparenta nos filmes de Hong Kong. Por essa razão, nós não vemos *yoko geri kekomi* ou *yoko geri keage* com muita frequência nas competições. Isto pode soar contraditório, mas embora *yoko geri kekomi* não seja um chute muito popular em torneios, preferiu-se não suprimir do nosso treinamento regular. É incrível, mas é verdade.

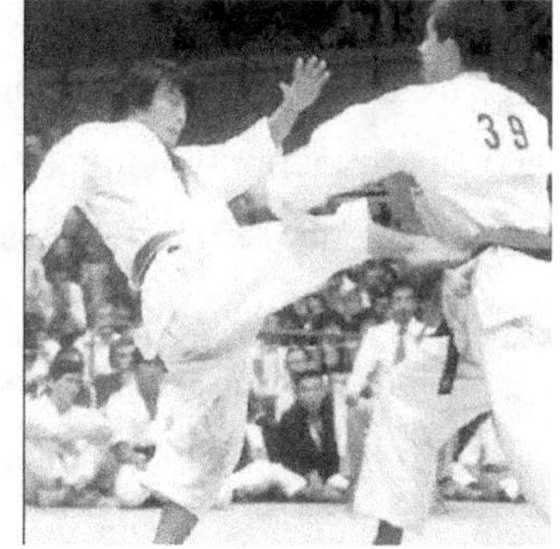

Outra grande razão pela qual o *kekomi* não é popular no *kumite* de competição é o risco de se obter um *hansoku* se um bom *kekomi* for executado. Eu não preciso dar mais explicações sobre as consequências de fazer contato com o *chudan* (中段) ou, com mais eficácia, com o *jodan* (上段). É muito eficaz usar *mae geri kekomi* em uma situação de *deai* (出合い), mas com frequência essa técnica é considerada como um empurrão e assim você não obtém uma pontuação. Dessa forma, os competidores usarão *keage* (a rigor, uma técnica errada) mesmo em uma situação de *deai*. Este chute não derrubará o oponente, mas você vai usá-lo, pois com ele poderá obter um ponto.

Um *mawashi geri kekomi* contra a lateral da cabeça é muito eficaz, mas novamente não há razão para um competidor assumir o risco e tentar este chute se ele pode conseguir um ponto usando *keage*. Em primeiro lugar, um *mawashi geri kekomi* contra a cabeça é muito mais difícil que um *mawashi geri keage* contra a cabeça em relação à técnica, assim, para que correr o risco de não conseguir a pontuação? Porém, mais perigoso ainda é o risco de ocorrer realmente contato com o oponente. Nesse caso, ele com certeza será derrubado, e você perderá a disputa por *hansoku*. (A propósito, linguisticamente *keage* é uma palavra errada, já que ela significa 'chutar para cima', mas nós vamos desconsiderar essa tecnicalidade de linguagem aqui.)

É interessante observar que em torneios de contato pleno o *mawashi geri kekomi* é usado com muita frequência, na verdade mais do que o *mae geri kekomi*, mas não é porque este seja menos eficaz. Abaixo eu explicarei o porquê.

Competidores de disputas de contato pleno desferem o *mawashi geri kekomi* contra o *jodan* ou o *gedan*. É óbvia a razão de eles mirarem em *jodan*, mas os praticantes de semicontato como nós devem saber por que o *gedan* (下段) *mawashi geri kekomi* é popular também nos torneios de contato pleno. Para derrubar alguém com um chute—é assim que você consegue um ponto—você precisa realmente chutar de forma penetrante na lateral do joelho ou da coxa. Um chute com retorno rápido não consegue realizar esse trabalho, então o *kekomi* deve ser usado. A razão pela qual o *mae geri* não é usado frequentemente no contato pleno é por causa do *maai* muito próximo. A distância entre os lutadores é muito menor do que aquela dos lutadores de estilos de semicontato, uma vez que neste caso socos em *jodan* não são permitidos pelas regras de competição. Os competidores realmente entram em uma distância tão próxima que eles não podem nem sequer desferir um soco completamente estendido, muito menos um *mae geri*. Mas se uma pessoa for flexível, ela ainda poderá realizar um *mawashi geri*, independentemente da curta distância. Além disso, mesmo que um oponente fosse capaz de conectar um *mae geri kekomi* na região *chudan*, ele não teria condições de produzir velocidade e força suficientes em uma distância tão curta, em comparação ao *mawashi geri*, o qual percorre uma distância maior, uma vez que é desferido a partir da lateral do corpo. Como resultado, o *mae geri* não é uma técnica favorecida em competições de contato pleno.

Concluindo, eu quero enfatizar que o *kekomi* é um chute muito eficaz na perspectiva das artes marciais tradicionais, e que o *mae geri kekomi* e o *mawashi geri kekomi* não devem ser excluídos do nosso treinamento regular de *kihon* e *kumite*. Eu espero que nem todos os praticantes projetem os seus treinos apenas para satisfazer as técnicas necessárias em competições. Existe uma variedade muito mais ampla de técnicas reais de karatê disponíveis para serem exploradas. Não seria lamentável se nós permitíssemos que as regras de competição limitassem o nosso treinamento e restringissem a nossa busca pelo domínio dessas outras técnicas?

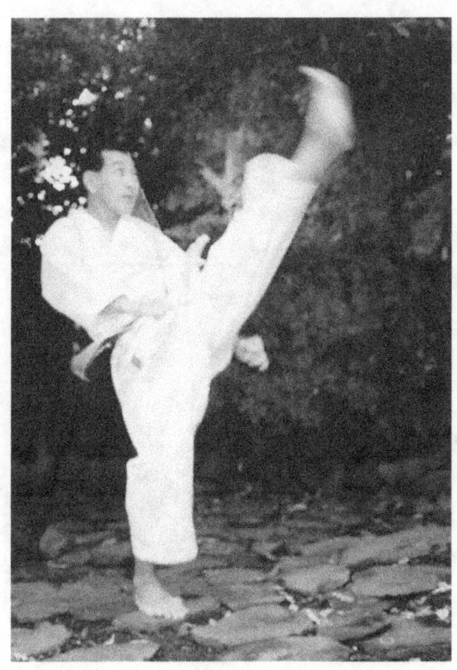

Capítulo Quatro
第四章

Makiwara
巻藁

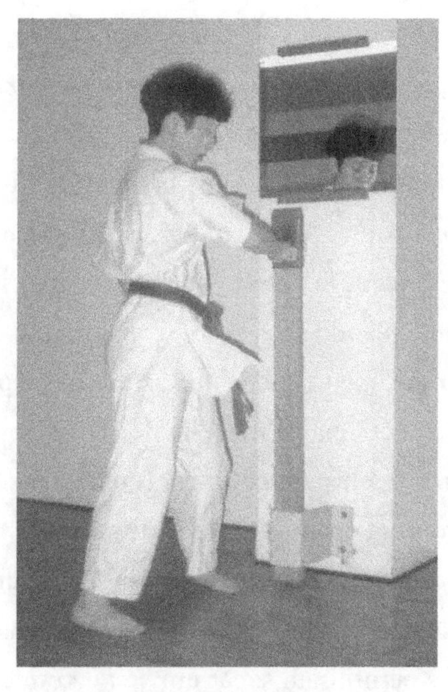

Michiko Onaga
Shijinbunkan Shorin Ryu

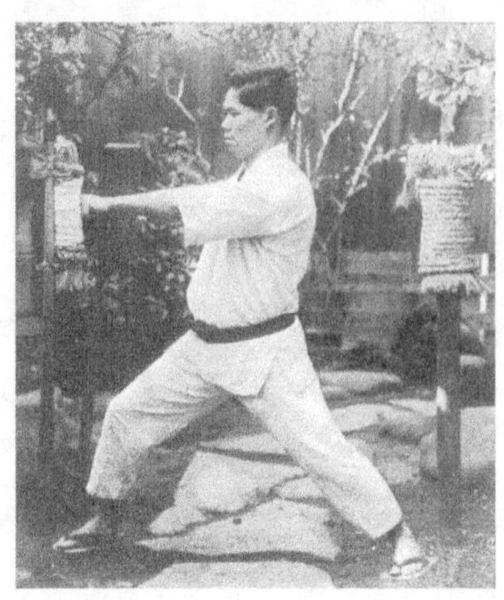

O *makiwara* (巻藁) é uma verdadeira tradição de karatê, e seu treinamento é uma necessidade para todos os *karateka*. Tem sido um acessório nos *dojo* de karatê desde a sua introdução na porção continental do Japão no início do século XX. Nós já vimos fotos de Funakoshi Sensei, enquanto tocando seu *geta* (下駄, 'tamancos de madeira') ou a foto à esquerda, que mostra Yoshitaka Funakoshi (船越義豪, 1906–1945), um dos filhos do Mestre Funakoshi, praticando *makiwara*. Até ouvi dizer que alguns *sensei* modernos carregariam *makiwara* portáteis com eles em suas malas quando viajam. O *makiwara* também foi uma importante ferramenta de treinamento na minha vida de karatê. Deixe-me explicar como me apresentaram a este equipamento tradicional nos meus primeiros dias de treinamento de karatê.

No primeiro *dojo* que me juntei no início dos anos sessenta (Kobe Shotokan Karate Club), lembro que havia várias postes de *makiwara*. Alguns estavam envolvidos com cordas de palha e alguns com almofadas mais macias. Eu também lembro que essas almofadas não eram mais brancas ou já não tinham suas cores originais, quaisquer que fossem. As almofadas que vi eram de cor preta avermelhada, cobertas de sangue seco. Era óbvio que meu *senpai* socava essas almofadas uma vez ou outra, mesmo quando seus punhos sangraram. Meu *senpai*, Kato San, disse uma vez: "Agora olhe, meu punho é tão forte que eu posso socar assim". Ele socou diretamente em uma coluna de madeira de 10 cm por 10 cm do *dojo*. Bang! Bang! A coluna sacudia, mas ele não sentia dor (ou pelo menos não mostrava isso). Uau! Eu fiquei muito impressionado. Se ele podia socar uma coluna daquele jeito, ele poderia facilmente me matar. Honestamente, isso realmente me deixou com medo desse *senpai*, e ele ganhou meu respeito incondicional.

Então, assim que me permitiram socar um *makiwara*, comecei a tradição com todas as minhas forças. Meu *dohai* (同輩, 'colega do mesmo nível') Nakai (中居)

e eu socávamos o *makiwara* centenas de vezes todos os dias. Depois de um ano, Nakai desenvolveu calos muito respeitáveis, mas eu não consegui. Fiquei frustrado e pensei que não estava socando o suficiente. Não importa o quão forte eu socasse o *makiwara*, os calos nos meus punhos não aumentaram. (Mais tarde percebi que isso era devido às características muito delicadas e macias da minha pele, que são realmente muito boas porque elas também me permitem ser flexível).

Apesar de não desenvolver nenhum calo respeitável, mantive o hábito do *makiwara* por mais de quinze anos. Devo admitir que o som ressonante feito ao bater um *makiwara* em um *dojo* era extasiante, especialmente quando o ritmo estava muito próximo dos meus próprios batimentos cardíacos.

Eu imaginava se o treinamento com *makiwara* era uma verdadeira tradição, e se ele vinha sendo passado adiante por muitos séculos. Nós sabemos que o *makiwara* veio de Okinawa, mas temos pouca documentação para apoiar a sua história.

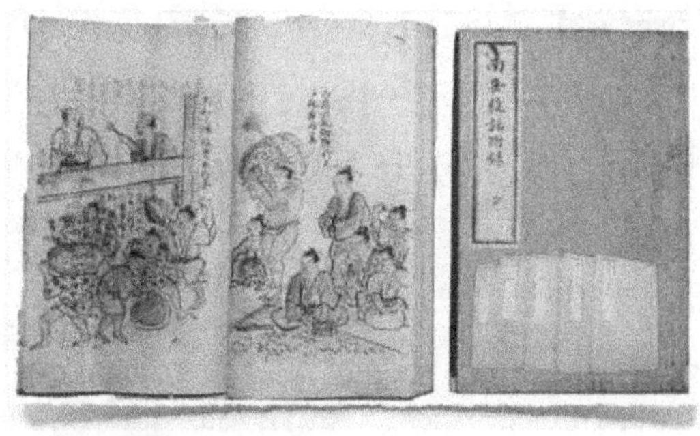

Descobri um livro, *Nanto Zatsuwa* (南島雜話 [foto à direita]), que é composto por cinco documentos escritos pelo samurai de Satsuma Sagenta Nagoya (名越左源太, 1819–1881). Nagoya foi exilado para as Ilhas Amami, que eram então parte das Ilhas Ryukyu. Durante sua permanência, entre 1850 e 1855, ele registrou sua experiência neste livro, e é aqui que encontramos dois desenhos intitulados "Kenpojutsu" (拳法術 [foto à esquerda]). Como você pode ver na ilustração superior da foto, o povo de Ryukyu parece ter usado um poste como o *makiwara*, no mínimo em meados do século XIX. Não há outros documentos sobre o *makiwara* ou sua origem. No entanto, ao estudar a história de Okinawa, pode-se adivinhar de onde veio.

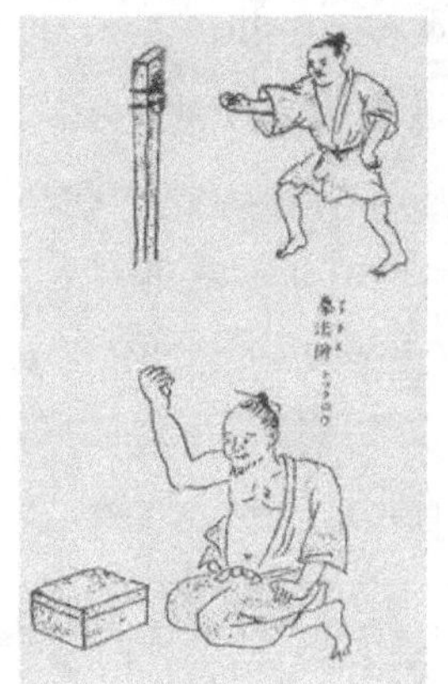

Até 1609, Okinawa (沖縄), ou o Reino de Ryukyu (琉

球王国), era independente. Em abril daquele ano, foi invadido pelo Clã Shimazu (島津氏) do Domínio Satsuma (薩摩藩) de Kyushu (九州), a ilha mais ao sul do Japão. Os Shimazu enviaram mais de 3.000 samurai totalmente armados para a invasão, e, dado que nenhum minério de ferro é produzido nas Ilhas Ryukyu, o que fazia que as espadas fossem quase inexistentes lá, os habitantes de Okinawa, simplesmente, não puderam vencê-los.

Embora reconhecidas como um reino independente, as ilhas foram referidas como uma província do Japão. Em 1879, o Japão declarou sua intenção de anexar o Reino de Ryukyu e este ficou conhecido como Prefeitura de Okinawa (沖縄県) pelo governo Meiji (明治).

Uma política interessante que os Shimazu introduziram durante a ocupação foi uma proibição da propriedade da espada pelos ilhéus. A distância entre Kyushu e Okinawa era grande (cerca de 1000 km) naquele tempo; assim, era difícil administrar a ilha de longe. Os habitantes de Okinawa provavelmente mostraram um espírito de luta no momento da invasão, então os Shimazu precisavam garantir que o povo de Ryukyu não se rebelasse (ou, pelo menos, desencorajar essa ideia). Muitos historiadores acreditam que esta política contra as espadas levou ao desenvolvimento da arte marcial indígena chamada *te* (手), que também pode ser lida como *ti* (ティ). Muitos praticantes do Shuri Te (首里手) de Okinawa acreditam que o *te* existia antes do século XVII, mas que tornou-se mais mortal e mais secreto após a ocupação dos Shimazu.

Outra coisa interessante a que devemos prestar atenção é o estilo único de *kenjutsu* (剣術) dos Shimazu chamado *Jigen Ryu* (示現流). Jigen Ryu é um estilo muito original, como é conhecido por sua ênfase no primeiro golpe. Além disso, os ensinamentos de Jigen Ryu afirmam que um segundo golpe nem sequer deve ser considerado. Agora, este ensino não soa semelhante à ideia do nosso *ikken hissatsu* (一拳必殺)? Interessante, não é?

Mas, a parte interessante não para por aí. Uma técnica básica, chamada *tonbo no kamae* (蜻蛉の構え, 'postura da libélula'), é segurar a espada acima do ombro direito. O ataque é então executado correndo em direção ao oponente e depois

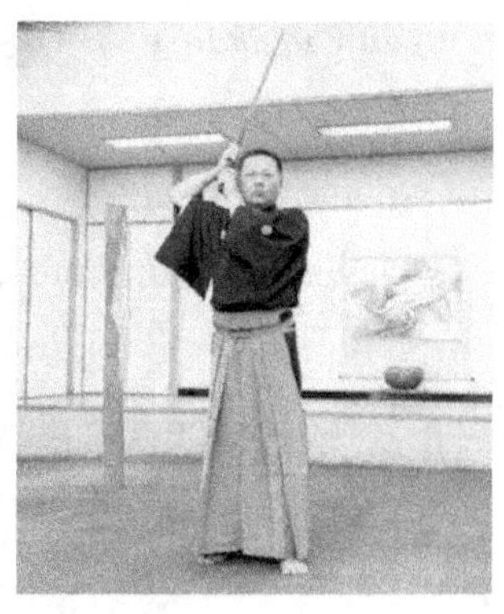

cortando diagonalmente em seu pescoço com um *kiai* alto: “Ei!” O que você acha? Isso não parece a forma como atacamos o *jodan* no nosso *jiyu ippon kumite* (自由一本組手)?

O que é ainda mais surpreendente é que a principal prática de Jigen Ryu é usar um *bokken* (木剣, ‘espada de madeira’) para atingir um poste de madeira que é mantido horizontalmente. Com todas essas semelhanças entre *te* e Jigen Ryu, conclui que a ideia do *makiwara* veio de Jigen Ryu.

Provavelmente é verdade que muitos mestres de *te* tentaram aprender *kenjutsu* dos samurai Shimazu. Um fato documentado é que Sokon Matsumura (松村宗棍, 1809–1899) estudou o *kenjutsu* Jigen Ryu e foi um especialista nisso.

Suponho que a invenção do *makiwara* ocorreu em algum momento no final do século XVII ou no início do século XVIII. Eu digo isso porque, nos estágios iniciais da ocupação, os samurai Shimazu provavelmente foram cautelosos sobre uma possível rebelião do povo de Ryukyu. Assim, eles provavelmente não lhes permitiam praticar nada de *kenjutsu*, e eles não praticavam o *te* em público.

Mas, após a passagem de, digamos, cem anos, se os Shimazu percebessem que o povo de Ryukyu era leal e pacífico, podemos adivinhar facilmente que a proibição das espadas e a restrição das artes marciais tornaram-se laxas. Obviamente, durante o período em que o samurai Satsuma Nagoya visitou Ryukyu, ele encontrou a população local praticando o *te* no *makiwara*.

É interessante aprender a perspectiva histórica, mas, pessoalmente, cheguei à conclusão de que socar um *makiwara* não é apenas desnecessário, mas também contraproducente para as minhas habilidades de luta. Em outras palavras, nós, os *yudansha*, não precisamos ter calos em nossos punhos para derrubar alguém, o que tem sido comprovado por vários experimentos e experiências de *kumite*. Na verdade, não é preciso ter muito poder ou velocidade para derrubar alguém se uma batida ou soco for desferido no lugar certo com o tempo correto. Eu tenho testemunhado um competidor de faixa preta derrubado por um golpe leve na têmpora com um *uraken uchi* (裏拳打ち) em uma prática de *kumite*. O cara não estava esperando isso, então ele simplesmente caiu como um boneco cujas cordas foram de repente cortadas.

Devemos realmente entender um fato importante aqui. As características do corpo humano são totalmente diferentes dos postes de madeira (*makiwara*) e sacos de punção. O leitor pode se lembrar de uma cena de um dos velhos filmes de *Rocky*, onde Rocky entrou em um congelador grande e começou a socar um grande pedaço de carne pendurada em um gancho. Mesmo que ele fosse caracterizado como um boxeador tolo ou não muito preparado, Rocky tinha a ideia certa. Pode-se ter um sentimento muito mais próximo do que é bater no corpo de um homem, atingindo um grande pedaço de carne bovina, que um poste de madeira.

E sobre os outros métodos de combate, como o boxe ocidental, o *kickboxing* e o kung fu? Esses praticantes usam o *makiwara*? Tanto quanto eu sei, nenhum deles faz. Alguns praticantes do tae kwon do podem ter pegado este método de treinamento na Coréia devido à forte influência do karatê japonês, mas isso seria mais uma exceção. Devemos perguntar por que a maioria dos artistas marciais não escolhe o treinamento do *makiwara*.

Concluí que os boxeadores profissionais e outros artistas marciais não devem considerar o *makiwara* como uma ferramenta de treinamento necessária. É verdade que os boxeadores usam luvas de boxe, então eles têm menos motivos para endurecer os nódulos. Por outro lado, eles praticam com diferentes tipos de sacos de pancada. Eles definitivamente acreditam que precisam dar socos nos alvos móveis, e eu concordo com eles.

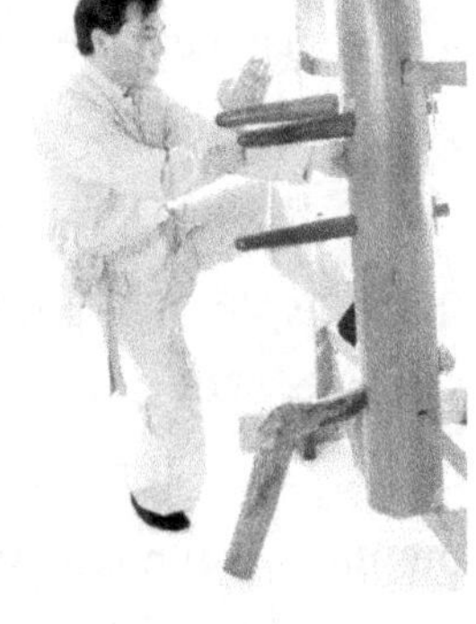

Em alguns estilos de kung fu, como Wing Chun (詠春), os manequins de madeira são muito populares (foto à direita). Os manequins têm muitos ramos (falsos braços e pernas) que se usam para praticar bloqueios, especialmente aqueles que usam movimentos de torção do pulso e do cotovelo. O Wing Chun bloqueia de uma curta distância—os braços estão conectados aos do oponente—e frequentemente usa movimentos de torção para bloquear ou desviar os socos. Estes movimentos de bloqueio são muito diferentes dos de Shotokan, que estão mais distanciados e batem com mais força. O objetivo principal deste equipamento de madeira é aprender a lidar com e manejar os braços e as pernas de um oponente, embora também possa ser usado para socar. Os praticantes de kung fu também não devem ver o valor no treinamento de *makiwara*.

Por que, então, só os *karateka* insistiriam em acertar o *makiwara*? Um dos principais fatores é o estilo não contato. No *kyudo* (弓道, 'tiro ao arco [japonês]'), onde o arqueiro dispara uma flecha em um alvo circular estacionário (*mato* [的]), é óbvio que o arqueiro não pode disparar uma flecha em uma pessoa real. A mesma ideia existe no karatê, pois é uma arte marcial sem contato.

Devo mencionar um ponto interessante sobre o *kyudo*. As competições ainda são realizadas no *kyudo*, mas os praticantes já não competem pela exatidão de tiro, como observado no tiro ao arco ocidental. A competição é sobre a precisão do arqueiro em suas posturas e movimentos do corpo de acordo com os modos predefinidos. Este conceito é muito semelhante ao de *sado* (茶道, 'cerimônia de chá [japonês]'). Então, o *kyudo* realmente perdeu a parte *bujutsu* e manteve apenas a parte mental ou espiritual (foco, concentração, mente vazia, etc.) da arte. Tenho notado nas recentes competições de *kata* que está sendo colocada mais ênfase nos visuais atraentes, do que na eficácia das técnicas. Neste aspecto, tenho medo de que a competição de karatê esteja mudando da mesma forma que a competição de *kyudo*.

Há também um fator emocional experimentado pelos *karateka* quando eles estão envolvidos em *kumite*. Devido à regra de não haver contato, eles sentem que têm que socar ou chutar algo para provar que podem socar e chutar. É por isso que a prática de *makiwara* pode ser muito popular, pois essa frustração pode ser facilmente resolvida através de um *makiwara*. O *karateka* pode socar com muita força para provar que seus socos são poderosos e devastadores.

Devo também salientar que ter grandes calos tornou-se um símbolo de status para alguns praticantes, pois os calos significam que a pessoa é um *karateka* sério. Alguns orgulhosamente mostram seus punhos com calos. Eu, pessoalmente, não posso compartilhar esse sentimento, pois é quase como um yakuza exibindo suas tatuagens. Embora eu tenha calos próprios—os meus, na verdade, não foram desenvolvidos com o soco de *makiwara*, mas com flexões usando meus punhos—eles não são muito visíveis e eu tento não mostrá-los em público, especialmente quando estou no Japão. Se as pessoas os veem, eles reconhecerão rapidamente que eu pratico o karatê. A prática do karatê é algo meu, pessoal, e não quero que estranhos saibam disso.

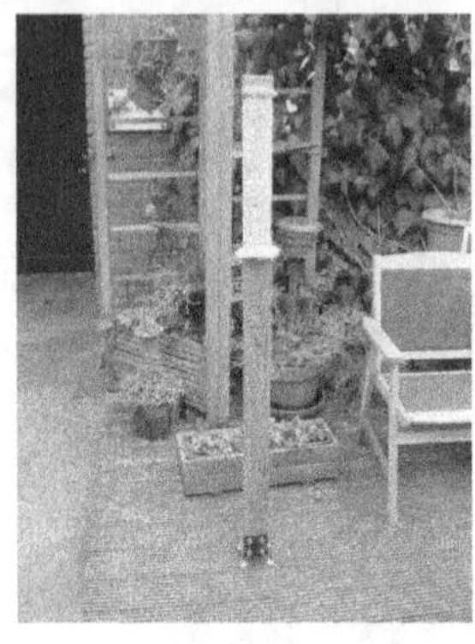

Devemos lembrar e reconhecer que nosso oponente, um ser humano, está constantemente se movendo de uma maneira muito complexa. Talvez, o mais importante que um *karateka* deve aprender é um *maai* apropriado e preciso, que vai mudando dinâmica e continuamente. Na luta de rua, é quase impossível definir-se em um *zenkutsu dachi* fixo e demorar muito tempo para lançar um poderoso *gyaku zuki* no oponente, como se poderia fazer na prática de *makiwara*. O leitor pode perguntar: "Não é *gyaku zuki* a técnica de pontuação mais comum ou mais popular nos torneios?" Isso é verdade, mas não é porque o *gyaku zuki* seja a técnica mais útil e eficaz no karatê ou porque outras técnicas, como *ippon nukite* (一本貫手) ou *shuto uchi* (手刀打ち), sejam ineficazes. É simplesmente porque os juízes não podem facilmente conceder um ponto por essas outras técnicas.

Então, eu acho que o treinamento do *makiwara* é totalmente desnecessário? Não. Pelo contrário, acredito que existe espaço para a prática do *makiwara*, pois reconheço que existem alguns méritos importantes para este treinamento. Para os iniciantes, é bom socar algo sólido, como um *makiwara*, para aprender a alinhar o punho, o pulso, o antebraço, o cotovelo, a parte superior do braço e o ombro quando desferirem um soco. O alinhamento correto do punho e do pulso é especialmente importante. Tenho certeza de que muitos praticantes têm experimentado (com dor) que se o seu alinhamento não está correto, o seu pulso se dobra ao socar um *makiwara*. Socar um *makiwara* também permite endurecer os nódulos, e isso ajudará se alguém quiser socar algo duro, como um maxilar ou uma cabeça. O treinamento de *makiwara* definitivamente ajuda no desenvolvimento da rotação do quadril e mostra claramente se alguém é competente na geração de força.

Estou ciente dos outros benefícios do treinamento do *makiwara*, como a melhoria do equilíbrio, do centro de gravidade, etc., e da variedade de maneiras pelas quais alguém pode socar e chutar um *makiwara*. Não estou rejeitando totalmente o treinamento do *makiwara*. A mensagem que eu desejo trazer para o *yudansha* é a seguinte: está na hora de nos libertarmos desta tradição e avançar para o próximo nível de treinamento.

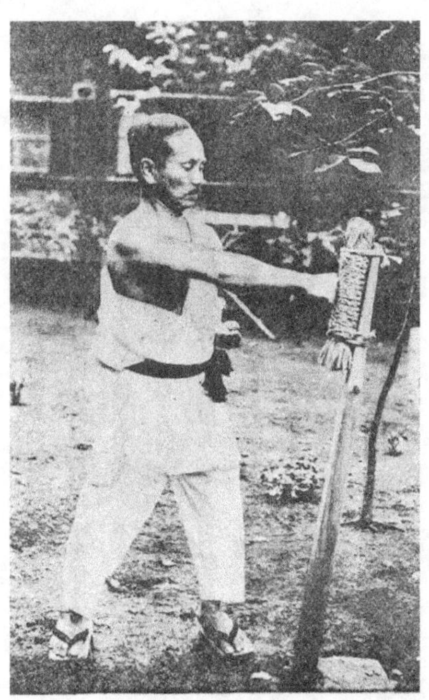

Capítulo Cinco
第五章

Kiai Silencioso
聴こえない気合とは

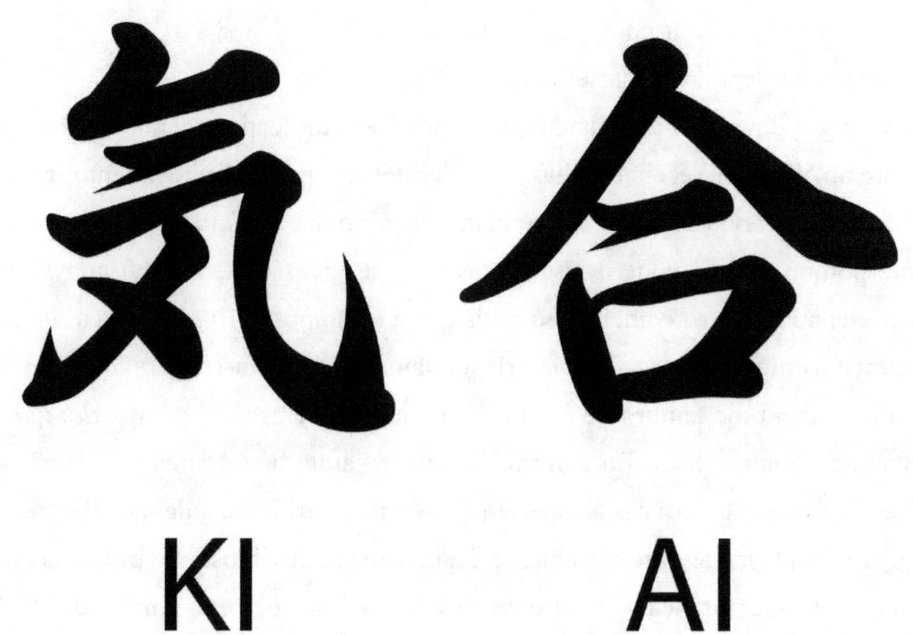

KI AI

Quando você pensa no *kiai* (気合), no que pensa? Se você é uma pessoa de idade como eu, você se lembra daquele som engraçado que o Bruce Lee fazia. Uma história divertida do passado envolve uma loção pós-barba masculina chamada *Hai Karate*. Se você se lembra disso, então você deve ter pelo menos 50 anos. Esse produto era anunciado na TV na década de 60 e talvez na de 70. Era assim que o anúncio dizia:

> A nova loção pós-barba Hai Karate é tão poderosa que deixa as mulheres simplesmente loucas. É por isso que nós temos que colocar instruções de defesa pessoal em todas as embalagens. Hai Karate, a loção pós-barba que suaviza, alivia e refresca. Hai Karate, loção pós-barba, colônia, e kits de presente. Hai Karate, tome cuidado quando você usar.

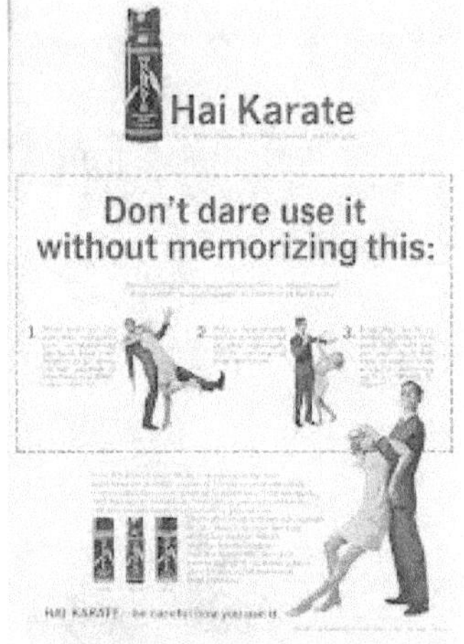

Então, havia um esquete publicitário com um rapaz que tinha que lutar contra as garotas que tentavam agarrá-lo depois de usar essa loção. Alguns dos meus amigos devem ter acreditado que eu precisava disso, porque por muitos anos, sempre no Natal, eu recebia muitas unidades desse produto. Eu realmente apreciava a sua intenção genuína de me ajudar, mas eu tinha que me desfazer da maior parte, porque eu não poderia usar todas nem se vivesse até os 100 anos. Além disso, eu não gostava do cheiro. Eu sabia que a loção pós-barba deixaria as garotas certamente enlouquecidas, ou seja, iria, certamente, espantá-las para longe.

Eu também me lembro de um incidente muito memorável com o *kiai* que eu gostaria de compartilhar. Eu comecei a treinar karatê há 54 anos (em 1963) em Kobe (神戸), Japão. Graças à experiência de minha primeira aula, que descrevo a seguir, eu ainda me lembro claramente daquele dia maravilhoso. Eu posso recobrar vividamente a lembrança do meu *senpai*, Kato San (não o *sensei* famoso da IJKA), na minha frente. Como mencionei em um capítulo anterior, ele tinha apenas em torno de um metro e meio de altura, mas ele era uma figura imponente para os novos alunos (o que me incluiu, é claro) quando ele parou na nossa frente.

Nós éramos totalmente iniciantes e empolgados, e estávamos loucos para aprender aquelas técnicas mortais. Ele falou de maneira muito amigável: "Vocês, garotos"—nenhuma garota ousava entrar já que se imaginava que as aulas eram muito brutas, mas era exatamente por essa razão que eu tinha entrado—"precisam aprender a dizer: '*Osu*!'". Como o leitor sabe, *osu* (オス) é uma palavra muito conveniente em japonês que pode ser usada para dizer 'sim', 'não', 'talvez', 'vou tentar', 'certo', 'com certeza' ou o que quer que seja. Poderia significar quase qualquer coisa, e nós estávamos sempre felizes em usar essa palavra, para que pudéssemos soar como os fortes garotos do karatê. Assim, todos nós dissemos: "*Osu*!".

O *senpai* então disse: "O quê? Eu não consigo ouvir vocês!". Então, nós repetimos com uma voz mais forte mas que ainda não o agradou. E ele disse: "Vocês não têm espírito. Vocês vão aprender a fazer um *kiai* hoje e aprenderão a mostrar o seu espírito". Assim, ele soltou um *kiai* realmente forte que nos perfurou e causou calafrios por todo nosso corpo. Então ele sorriu e disse: "Certo, garotos, vocês vão soltar o *kiai* de vocês sem parar até eu voltar".

Nós pensamos que ele ia voltar em alguns minutos, mas ele não voltou até o final da aula, duas horas depois. Nós estávamos gritando "*Ya*!" ou "*Tou*!" ou qualquer tipo de *kiai* que nós achássemos legal—nós ainda não conhecíamos Bruce Lee. O que o *senpai* dizia era a ordem—além disso, ele estava nos olhando do outro lado do *dojo*—então nenhum de nós iria parar. Depois de uns 30 minutos nós começamos a tossir e perder nossas vozes. No final nós mal conseguíamos emitir qualquer som que fosse. Nós fomos embora do *dojo* muito quietos naquele dia.

Incidentalmente, só um dos alunos novos voltou depois do primeiro dia. Essa era a maneira do *senpai* de separar as pessoas normais dos loucos (eu). A minha voz desapareceu por muitos dias, mas eu aparecia no treino logo no dia seguinte. Eu conseguia apenas sussurrar no dia seguinte, mas minha mãe parecia não se importar, já que a casa de repente estava quieta.

Felizmente, o *senpai* não me pediu mais para emitir *kiai* no segundo dia, mas o meu treinamento também não ficou mais fácil. Agora ele me dizia para ficar em *kiba dachi* por duas horas enquanto ele ficava me dizendo: "Mais baixo!". Eu sabia que estava baixo demais quando as minhas pernas desistiam, eu caía no chão e ele me dizia: "Levante-se!". Esse exercício simples mas muito longo continuou desse jeito, e eu tenho certeza de que você pode adivinhar como seguia a maneira japonesa de treinar ou de domar o aluno novato. Eu ainda não tenho certeza se esse *senpai* realmente sabia o que estava fazendo ou se ele era simplesmente muito preguiçoso para pensar em um treinamento mais sofisticado.

Certo, você ouviu o suficiente das minhas histórias engraçadas sobre o *kiai*. Agora vamos tratar de coisas mais sérias. Existem muitos artigos sobre o *kiai* e a maioria dos autores enfatiza a importância de fazê-lo e explica como. Alguns explicam o significado do *kiai* enquanto outros mostram o seu relacionamento com a respiração. Se esse é o caso, então você pode se perguntar por que eu estou escrevendo sobre este assunto esgotado e sem controvérsias. Bem, eu sou uma dessas pessoas que não gostam de tomar as coisas como certeza. Então, agora eu quero aceitar o desafio e perguntar: "O *kiai* é realmente importante e é necessário no treinamento de karatê?".

Você poderia dizer: "Você deve ser louco para questionar essas coisas". Talvez você esteja correto, e eu poderia me atrapalhar bastante neste assunto. Mas eu acho que é um bom exercício investigar em vez de acreditar em alguma coisa simplesmente porque muitos instrutores e "especialistas" disseram que é daquele jeito.

Eu procurei *kiai* na *Wikipédia* em japonês, mas surpreendentemente não consegui achar nada sobre o assunto. Eu fui a outro site japonês de pesquisas chamado

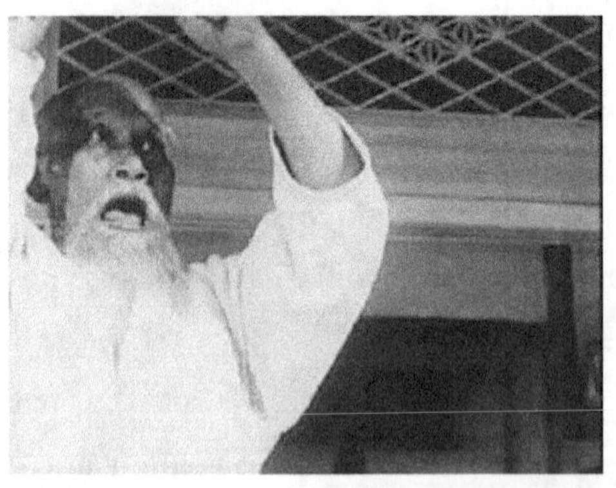

Hatena (ハテナ), mas a palavra *kiai* não foi encontrada. Isso significa que aparentemente os japoneses não ligam muito para este termo. Essa foi uma descoberta realmente surpreendente e inesperada para um autor japonês. Eu tenho cerca de uma centena de livros japoneses sobre artes marciais e eles tratam não só do karatê, mas também de aikidô (合気道), *kendo* (剣道), judô (柔道), *jujutsu* (柔術), *kobudo* (古武道), karatê de Okinawa e *budo*. Eu li todos eles, mas não consigo me lembrar de nenhum livro ou artigo sobre o *kiai*, então eu procurei dentro de muitos deles, mas consegui encontrar apenas um ou dois parágrafos curtos.

Isso significa que este assunto é do tipo óbvio, ou que ele não tem profundidade e não há nada para escrever a respeito? Será que é muito difícil discutir o verdadeiro significado do *kiai* e seu propósito? Ou será que estou apenas perdendo meu (e seu) tempo depois de tudo, tirando algo do nada? Para descobrir, teremos que avançar. Aqui está o que a *Wikipédia* em inglês tem a dizer (outubro de 2015):

> *Kiai* (気合) /ˈkiː.aɪ/ é um termo japonês usado em artes marciais para o grito curto que é dado ao executar um movimento de ataque.
>
> Os *dojo* japoneses tradicionais geralmente usam sílabas únicas começando com uma vogal. O conceito tornou-se uma parte notável das artes marciais asiáticas na cultura popular, especialmente em filmes de artes marciais, por escrito, traduzidos em variantes como *Hi-yah*!, *Aiyah*!, *Eeee-yah*! ou *Hyah*!.
>
> O termo é uma combinação de *ki* (気), o qual significa energia ou humor, e *a(u)* (合), um marcador enfático. O mesmo conceito é conhecido como *k'ihap* em muitas artes marciais coreanas, como taekwondo, baseando-se na leitura coreana dos mesmos caracteres; a ortografia Hangul é 기합.
>
> No jogo de tabuleiro *Go*, o termo descreve o espírito de luta.
>
> Estudantes de artes marciais japonesas, como aikidô, karatê, *kobudo*, *kendo* ou judô (ou artes relacionadas, como baterias de *taiko*) usam o *kiai* para assustar um oponente, intimidar, expressar confiança ou expressar a vitória. No *kendo*, por exemplo, um ponto é dado pelos *shinpan* (árbitros) somente se o golpe for acompanhado de um *kiai* forte e convincente. Os aspectos físicos de um *kiai* geralmente são pensados para ensinar uma técnica de respiração própria do aluno ao executar um ataque, que é uma característica comum adotada por muitos outros estrangeiros de artes marciais e esportes de combate.
>
> Isto é especialmente útil para séries mais longas de ataques como *kirikaeshi*, *kakari geiko* (exercício rápido entre parceiros para criar aberturas) e *uchikomi geiko* (respondendo rápido para aberturas feitas pelo parceiro).
>
> As técnicas de imagens mentais são usadas para ensinar o artista marcial a imaginar começando um *kiai* no *hara* ou *dantian*; de uma perspectiva fisiológica, isso

significa o grito deve começar no diafragma, não na garganta.

A explicação da *Wikipédia* é excelente, pois inclui os quatro seguintes conceitos principais:

1. É um grito curto durante uma técnica.
2. Pode ser silencioso, o som apenas sendo uma indicação audível.
3. Pode acrescentar energia.
4. Auxilia a habilidade de coordenar a respiração.

Kata

Todos os *kata* do Shotokan (os 26 *kata* da JKA especificamente) possuem dois *kiai*, exceto Wankan (王冠) e Meikyo (明鏡), os quais possuem apenas um. Os *kiai* nos *kata* são muito característicos, e são exigidos nas competições de *kata*. Você já se perguntou por que existem dois *kiai* e não três ou quatro, mas sempre dois? Para entender melhor o *kiai*, nós precisamos investigar a história e aprender as origens dessa ação peculiar no karatê. Aqui estão algumas das perguntas que nós precisamos responder conforme nós percorremos a história do karatê:

- Como eram feitos os *kiai* na antiga Okinawa?
- Como Funakoshi ensinava os *kiai* e os *kata* no início do século XX?
- Os *kiai* eram obrigatórios nessa época?
- Por que nós temos dois *kiai* em quase todos os *kata*?

Será que os mestres antigos que criaram os *kata* estrategicamente colocaram dois *kiai* em cada um? Tudo que você precisa fazer é observar os *kata* Pin'an (nossos *kata* Heian) do Shorin Ryu ou Matsubayashi Ryu de Okinawa para descobrir que não é esse o caso. Eu descobri que as organizações tradicionais de Okinawa fazem os *kata* inteiros sem nenhum *kiai*. Você pode dizer que você pratica o Shorin

Ryu de Okinawa e que os seus *kata* têm *kiai*. Você tem que perceber que o karatê sofreu uma importação reversa do Japão continental de volta para Okinawa depois da Segunda Guerra Mundial, então algumas das organizações de karatê mais recentes em Okinawa podem encorajar os alunos a colocar *kiai* nos seus *kata*.

Assim, originalmente, os *kata* de Okinawa não possuíam *kiai*. Por quê? Deve ser fácil de responder, se você pensar novamente sobre como os *kata* de Okinawa eram praticados durante os séculos XVII e XVIII, quando toda a prática de artes marciais era proibida. Em um capítulo anterior, eu mencionei que eles tinham que praticar secretamente os seus *kata* no meio da noite, nos quintais nos fundos das casas ou então em cemitérios distantes. Um *kiai* barulhento seria realizável, ou até desejável, em quaisquer dessas situações?

Então, você pode imaginar facilmente que os *karateka* durante aquele período tinham que praticar karatê muito silenciosamente. Você pode dizer: "Mas, o Goju Ryu possui respiração *ibuki* (息吹き [foto abaixo]) muito ruidosa como parte regular da sua rotina de treinamento". É verdade, mas você precisa lembrar-se de que o Goju Ryu (fundado por Chojun Miyagi [宮城長順, 1888–1953]) começou no século XX, depois que a proibição foi suprimida.

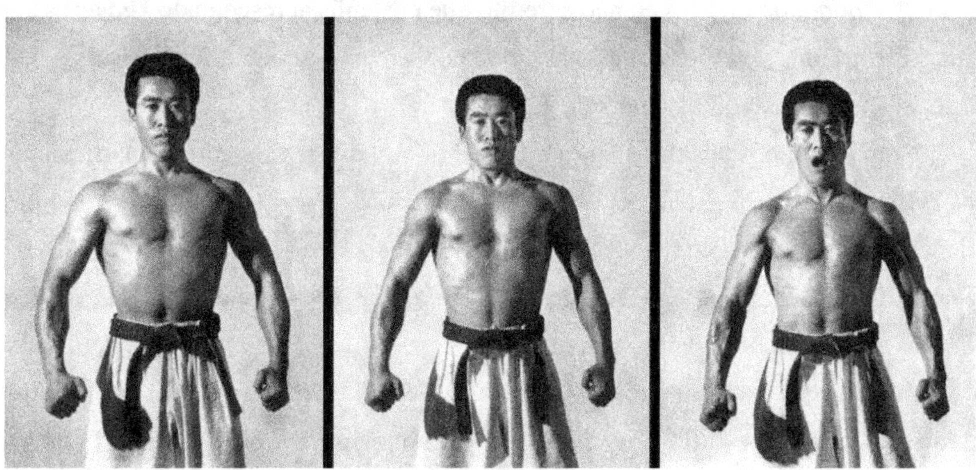

Se os mestres antigos de Okinawa não praticavam os *kata* com *kiai*, então quando o *kiai* foi introduzido nos *kata*, e por que houve a mudança? Estas são excelentes perguntas e nós temos que encontrar as respostas. Poucas pessoas abordaram este assunto, mas eu tenho a felicidade de compartilhar com o leitor minhas ideias que vieram da minha pesquisa.

Vamos olhar para como Funakoshi ensinava os *kata*. Eu tenho um livro antigo dele chamado *Ryukyu Kenpo Karate* (琉球拳法唐手), o qual foi publicado em 1922. Infelizmente, não há edição traduzida. Nesse livro, ele mostra muitos *kata*, incluindo Pin'an (Heian), Naihanchi (Tekki), Kosokun (Kanku Dai), etc., e descreve os passos e as técnicas, mas não existe *nenhuma* menção a *kiai* em lugar algum. Eu achei isso muito interessante e isso foi o ponto de partida da minha investigação sobre o assunto.

Outro fato interessante pode ser encontrado nos *kata* da Shotokai. Somente alguns *kata* estão disponíveis na internet e eu ficaria feliz em ouvir os instrutores da Shotokai sobre este assunto. Ao examinar os videoclipes disponíveis, eu posso ver como Egami e seus alunos veteranos praticavam os *kata* bem conhecidos como os Heian. Egami não realizava nenhum *kiai* nos seus *kata* e isso não era uma surpresa para mim, uma vez que Egami não gostava do *kime* ou da tensão. Os seus movimentos são todos alongados e expandidos. Se ele fizesse um *kiai*, teria soado como *yaaaaaaaaaah*. Mas eu não acredito que ele tenha acrescentado *kiai* aos seus *kata*. Ele era um seguidor devoto de Funakoshi e eu posso facilmente assumir que Funakoshi lhe ensinou os *kata* sem *kiai*.

Além disso, nós devemos lembrar que a Shotokai por fundamento não sanciona *shiai*, então eles não têm necessidade de requisitos e regulamentos para competições como acontece com a JKA. Eu ouvi, contudo, que algumas ramificações da Shotokai estão agora se envolvendo mais em alguns torneios, então essa tradição de não admitir *shiai* pode estar mudando.

Vamos agora revisar o livro *Karate Do Kyohan* (空手道教範 [Kobunsha, 1935]), o qual foi escrito por Funakoshi e traduzido para o inglês por Tsutomu Ohshima (大島劼, 1930–) em 1973, já que este foi o manual oficial do Shotokan antes do lançamento do livro *Karatê Dinâmico* (Kodansha, 1966 [foto na próxima página]) e da série *O Melhor do Karatê* de Masatoshi Nakayama (中山正

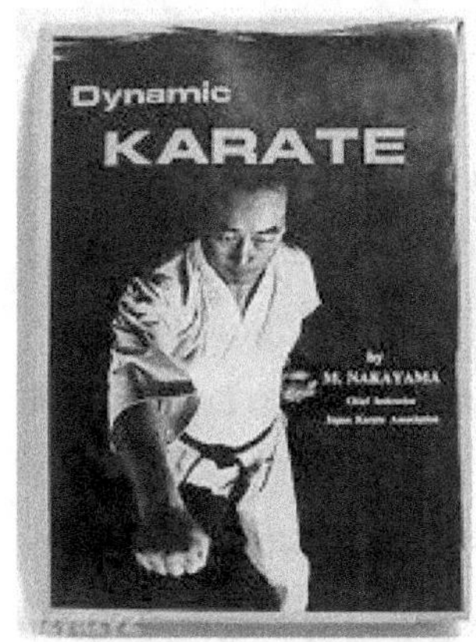

敏, 1913–1987). Funakoshi listou 19 *kata* e Ohshima acrescentou notas para todos exceto Jutte, mostrando onde os *kiai* deveriam ser colocados. Cada *kata* possuía duas notas e dois *kiai*, mas uma coisa que chamou minha atenção foi que ele inseriu a palavra *costumeiramente* nas suas notas. A palavra *costumeiramente* dá a entender que os *kata* poderiam ser feitos sem *kiai*. Assim, na década de 50, quando Ohshima aprendeu karatê com Funakoshi, a orientação sobre os *kiai* deve ter sido na forma de recomendação.

A JKA foi fundada em 1949, sendo Nakayama um dos fundadores, e os livros que compõem a famosa série *O Melhor do Karatê*, escrita por Nakayama, tornaram-se os manuais indiscutíveis da JKA. Estes livros podem ser utilizados para identificar onde vão os *kiai*, já que a palavra *kiai* é mostrada duas vezes em cada *kata*. Então, depois que a JKA se estabeleceu, os *kiai* parecem ter-se tornado obrigatórios nos *kata*. A partir do exame cuidadoso de todos estes manuais, nós podemos concluir que Funakoshi, ao menos em seus anos iniciais no Japão, não praticava os seus *kata* com *kiai*, e da mesma forma não ensinava os *kata* com *kiai*.

Eu suspeito que algumas mudanças devem ter ocorrido quando ele ensinava aos alunos universitários nas décadas de 1920 e 1930. A maioria das universidades em Tóquio possuía um *budokan* (武道館, 'ginásio de artes marciais') nos seus campi, e todas as artes marciais, como *kendo* e judô, eram praticadas lá. Apenas no caso de o leitor não ser familiarizado com kendo e judô, os praticantes dessas artes o surpreenderão com os seus *kiai* barulhentos e frequentes emitidos durante o seu treinamento. Esses praticantes de *kendo* e judô devem ter emitido muitos *kiai* no *budokan* e os alunos do clube de karatê os teriam ouvido.

É fácil suspeitar que os alunos de karatê teriam ficado envergonhados por não fazer barulho enquanto lutavam com adversários imaginários. Durante aqueles anos, Funakoshi fazia com que eles praticassem apenas *kata* e muito pouco *kumite*. Na verdade, alguns dos alunos terminaram não obedecendo à regra de Fu-

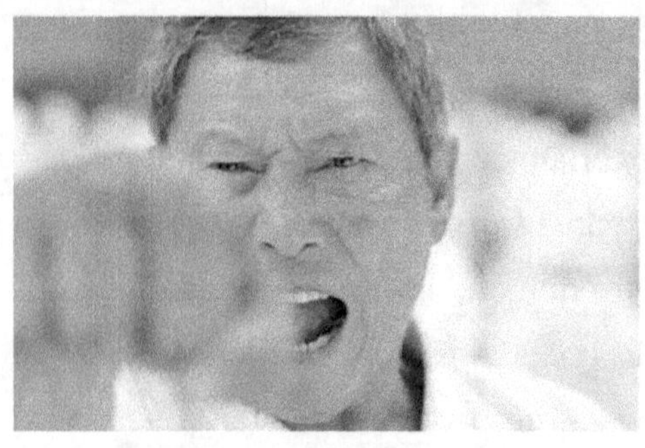

nakoshi que os impedia de praticar *jiyu kumite* (自由組手, 'luta livre'). Eu ouvi que quando ele descobriu que alguns dos seus alunos estavam praticando secretamente, ele realmente abandonou a posição de instrutor naquela universidade em particular.

Assim, é fácil adivinhar que esses alunos cheios de energia queriam emitir um *kiai* barulhento para mostrar o seu espírito. Eu suspeito que Funakoshi desistiu porque não queria conter completamente a energia desses jovens estudantes. Além disso, ele provavelmente achava que um *kiai* forte era bom para os iniciantes, já que estes tendem a prender a sua respiração.

O karatê vem originalmente da China e, depois de minhas pesquisas, é difícil concluir se havia ou não *kiai* nos *kata* inicialmente, já que nós não conhecemos os *kata* chineses originais. Ao estudar alguns *kata* chineses atuais, eu descobri que alguns deles são praticados com *kiai* e alguns sem *kiai*, especialmente no tai chi e no *bāguàzhǎng* (八卦掌). Contudo, uma coisa que eu percebi é que esses *kiai* não vêm aos pares. Eu também descobri que os métodos pelos quais eles emitem os *kiai* são diferentes. Eu não vou entrar em detalhes com este assunto, já que o meu objetivo aqui não é fazer uma comparação.

Nós ainda precisamos voltar à pergunta original: por que os *kata* atuais possuem dois *kiai*? A origem do Shotokan é o Shuri Te, onde é praticada a respiração natural, de modo a se esperar que os praticantes realizem todas as técnicas sem fazer nenhum barulho. Prender a respiração desnecessariamente é o que acontece com este método de treino, exceto se o aluno for instruído corretamente sobre como respirar e isso é o que nós testemunhamos com frequência entre

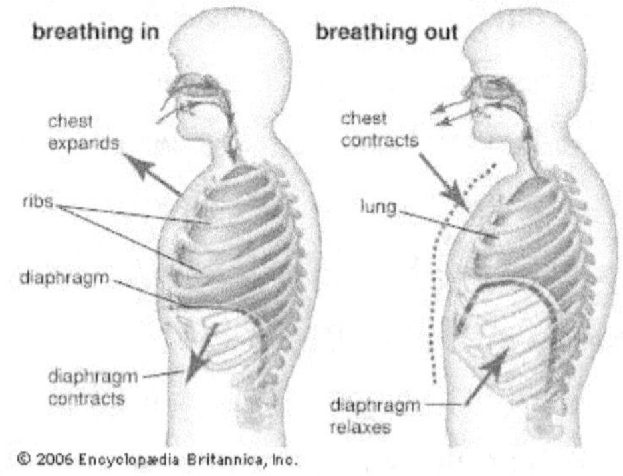

os iniciantes.

Mas isso ainda não explica por que precisa haver dois *kiai* em cada *kata*. Eu acredito que isso aconteceu quando as regras de competição foram criadas originalmente, há cerca de 50 anos. Se considerarmos as evidências históricas que eu descrevi anteriormente, junto com o fato de que a JKA iniciou o primeiro campeonato nacional no Japão em 1957, o ano em que Funakoshi faleceu, é muito fácil chegar à conclusão de que a JKA firmou o requisito de dois *kiai* em cada *kata*.

Então, isso foi originalmente criado para competições. Mas, por que eles escolheram dois *kiai*, em vez de um ou três? A minha hipótese é de que cada *kata* possui o conceito japonês de *omote* (表, 'à frente') e *ura* (裏, 'de volta' ou 'atrás'), ou yin e yang (*in'yo* [陰陽]). Assim, o primeiro *kiai* terminará a parte frontal ou primeira parte do *kata*, e o segundo finalizará a última parte no final do *kata*. Embora o segundo *kiai* fique normalmente no final, existem alguns *kata* que possuem um ou dois movimentos adicionais depois do segundo *kiai*, como Hangetsu, Meikyo e Enpi.

Assim, Nakayama, como instrutor-chefe da JKA, foi a pessoa responsável por este requisito no currículo de exames e nas regras de torneios da JKA.

Kumite

Também é um fato que a emissão de um forte *kiai* é estimulada não apenas no *kumite* de competição mas também no *kumite* do treinamento regular. Na verdade, em uma competição, você provavelmente precisa de um bom *kiai* para obter um ponto inteiro. Se você é um lutador de competições, você deve se lembrar de alguma luta em que tenha desferido uma boa técnica, mas não recebeu um ponto inteiro porque você não emitiu um *kiai*, ou porque o seu *kiai* foi fraco.

Alguns instrutores diriam que as suas técnicas são mais fortes com o uso de um *kiai* mais forte. Será que é realmente assim? Se esse é o caso, por que nós não vemos boxeadores gritarem com força quando eles soltam os seus socos? Eu assisti a muitas partidas de boxe, mas eu nunca testemunhei nenhum dos lutadores, incluindo os campeões como Muhammad Ali, Sugar Ray Leonard e Mike Tyson, fazerem isso.

Mas você poderia dizer: "Eu vi halterofilistas e arremessadores de peso emitirem gritos similares quando eles levantam e arremessam". Você está certo, mas você deve, também, avaliar e comparar as diferenças fundamentais entre as técnicas e mecanismos fisiológicos do karatê e os do halterofilismo e do arremesso de peso. Uma pista está nas diferenças que você vê com os dois tipos distintos de *kiai* encontrados no *kata* Jion. Esse seria um bom assunto para se escrever a respeito no futuro. Mas agora nós precisamos nos focar no *kiai* usado no *kumite*.

A nossa suposição é de que para que consigamos um bom *kime* os músculos do nosso corpo têm que estar tensos. Não é assim que você aprendeu no seu treinamento? Eu digo que essa afirmação está correta, mas apenas parcialmente. Acredita-se frequentemente que o corpo inteiro precisa estar tenso como uma estátua de bronze para fazer o *kime*. Esse é exatamente o ponto que eu quero apresentar como o maior equívoco que muitos praticantes e instrutores parecem cometer. Eu considerava essa crença sobre o *kime* uma questão tão importante que escrevi o que originalmente foi um artigo para a revista *Shotokan Karate Magazine* e agora está incluído neste livro como Capítulo 1: "Kime".

A estas alturas, você provavelmente já leu o capítulo, mas o ponto principal é que todos os músculos do corpo *não* têm que ficar tensos para obter o *kime*. Melhor ainda, eles *não devem* ficar tensos se a intenção for usar o *kime* em uma luta real. O que é necessário é que apenas os músculos específicos que estão envolvidos em gerar e transmitir a energia para o ponto de impacto (isto é, o oponente) fiquem tensos. De qualquer modo, para obter o *kime*, certas partes do corpo, incluindo os músculos abdominais e o diafragma, devem ficar tensas e isso está correto.

Certo, então precisa haver *kiai* com *kime* já que a tensão deve vir junto quando se solta o ar dos pulmões, certo? Não, esse é exatamente o ponto que eu quero contestar. Eu espero que o leitor saiba que conseguir o *kime* ao inspirar o ar não é impossível. Inclusive é muito possível se treinado adequadamente. Na verdade, é possível treinar e aprender a contrair o diafragma em três fases diferentes da respiração: na inspiração, na expiração e ao prender o ar. Isso significa que é possível contraí-lo a qualquer momento independentemente dos estágios da respiração.

É comum observar iniciantes prenderem a respiração quando estão tentando socar com toda força. Nós todos sabemos que expiramos rapidamente quando tentamos gerar o *kime* ou *kiai*. Contrair o corpo enquanto você inspira parece ser contrário ao senso comum. Quando você inspira, você sente que o seu corpo naturalmente relaxa e que você é incapaz de contraí-lo. Realmente é preciso muito treinamento para que se aprenda a contrair o diafragma enquanto se está inspirando. Esse é um dos objetivos do treino com *ibuki*—eu tratarei deste assunto mais adiante no Capítulo 11: "Hangetsu"—então não é estranho aos *karateka* que estão familiarizados com esse método de respiração.

Então quer dizer que é errado emitir *kiai* no *kumite*? A minha resposta é dupla. Se você é um *shodan* ou *nidan*, eu o encorajo a soltar um forte *kiai*, para que você possa aprender a contrair os músculos internos, incluindo os diafragmas. Observe que existem dois destes músculos. O diafragma situado abaixo dos pulmões é bem conhecido, mas a maioria dos praticantes não conhece ou não dá atenção ao outro, o qual fica na parte inferior da barriga. Se você é um praticante de graduação superior, você precisa aprender a emitir um *kiai* sem som em todas as suas técnicas.

E por que você deve emitir um *kiai* sem som? Bem, se você está em uma competição de *kumite*, isso não será um problema. Mas se você está praticando karatê como uma arte marcial, você precisa estar preparado para enfrentar múltiplos oponentes. Isso pode significar não apenas dois ou três, mas possivelmente 10 ou até mesmo 20 deles. Nessa situação, o movimento do seu corpo precisa utilizar a energia com muita eficiência. A tensão do seu corpo precisa ser extremamente curta, como um milésimo de segundo (verdadeiro *kime*), e isso resultará em um *kiai* sem som, já que nem um grito curto será possível. Você pode ter um rápido sopro de ar saindo da sua boca sutilmente aberta, mas será basicamente isso.

Acompanhando tal método de respiração, os seus movimentos físicos serão extremamente curtos ou sutis até o ponto em que o seu oponente pode não ver você se mover. Quando o seu oponente avançar para atacá-lo, você simultaneamente entrará na distância de alcance e o enfrentará. Você passará por seu oponente silenciosamente como se nada tivesse acontecido entre vocês dois. Mas o oponente sentirá o impacto um momento após e isso poderá derrubá-lo. Esta é uma técnica que Funakoshi tentou ensinar para os alunos universitários, mas um período de quatro anos não era longo o suficiente para se alcançar esse objetivo.

Assim, qual é a conclusão fundamental para o *kiai*? Se você for um competidor ou estiver fazendo uma demonstração de autodefesa extravagante (foto abaixo), vá em frente. Aprenda a emitir um *kiai* estridente assim você pode ganhar muitos pontos. Mas se você é um artista marcial com, digamos, 20 anos de treino sob a sua faixa, você precisa ir além da sua etapa com o *kiai* barulhento. Será que já não está na hora de alguém começar a ensinar a arte do *kiai* silencioso?

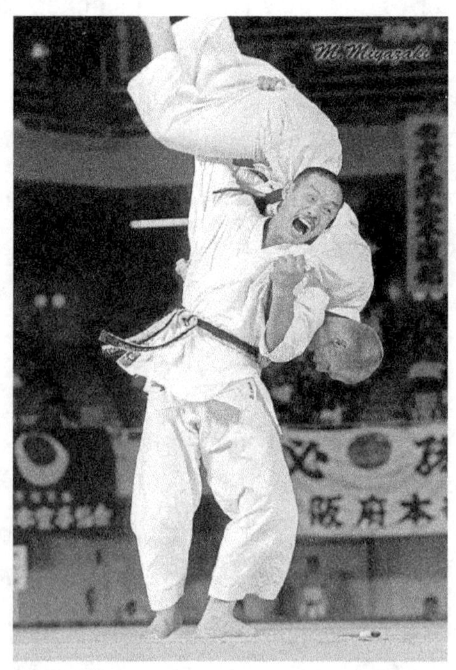

Capítulo Seis
第六章

Vídeo com Bunkai Misterioso
分解ビデオの謎

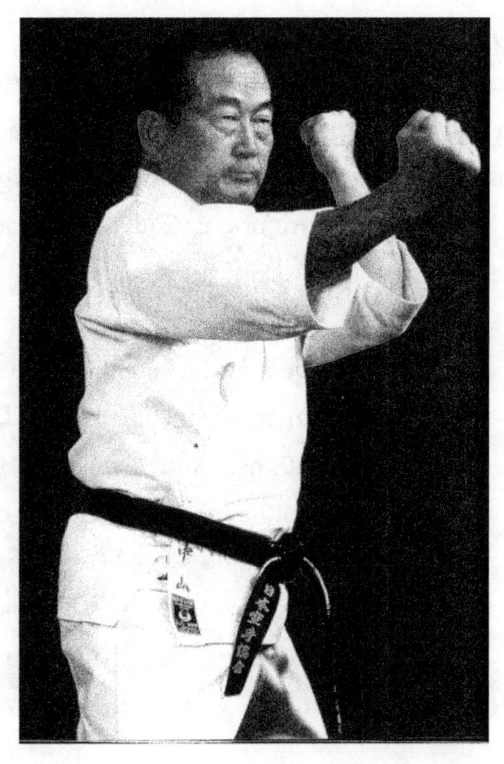

Todos nós sabemos que o treinamento padrão do karatê Shotokan consiste em fundamentalmente três partes: *kihon* ('fundamentos'), *kumite* ('luta controlada') e *kata* ('formas'). Supostamente, cada parte seria igualmente importante como ferramenta para alcançar a maestria no karatê. Infelizmente, destes três, eu percebo que o *kata* é o mais subestimado, o menos compreendido, e, portanto, o mais mal administrado no treinamento de karatê.

É verdade que o *kata* é uma tradição muito única das artes marciais asiáticas. As artes marciais ocidentais, como esgrima, boxe, luta greco-romana (*wrestling*) e tiro ao arco, não desenvolveram esta forma de treinamento. De fato, o *kata* é encontrado em todas as artes marciais japonesas, como karatê, *kendo*, judô (quase extinto, mas realmente existe), aikidô, *jujutsu*, *kyudo*, *iaido* (居合道), *naginata* (薙刀) e muitos outros. Além disso, o conceito do *kata* é tão prevalente e importante na cultura japonesa, que o *kata* pode ser encontrado em outras artes e ofícios como a cerimônia do chá conhecida como *sado* (茶道) ou *chanoyu* (茶の湯), os arranjos florais conhecidos como *kado* (華道) ou *ikebana* (生け花), dois tipos de dança clássica japonesa conhecidos como *noh* (能) e *kabuki* (歌舞伎), a caligrafia com pincel conhecida como *shodo* (書道) e até mesmo em culinária, carpintaria, etc.

Vamos examinar mais de perto o que é o *kata* de karatê e quais são os seus propósitos, para que possamos entender por que os mestres antigos o deixaram para nós. Se o *kata* fosse, como alguns instrutores consideram, outra forma de *kihon*, ele não poderia ter sobrevivido por tantas centenas de anos.

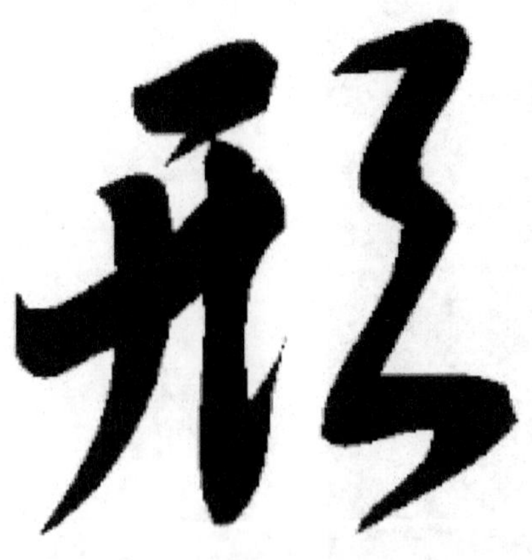

Kata (形 ou 型) é uma palavra japonesa que descreve padrões detalhados de movimentos específicos (desde aproximadamente 20, podendo chegar até 100) praticados tanto solo quanto em equipe, com passos e giros, enquanto se busca manter forma perfeita. Os movimentos ou os passos que estão contidos no *kata* foram definidos pelos mestres antigos como as técnicas mais fundamentais e essenciais escolhidas entre inúmeras técnicas que eles realmente usavam em lutas reais. Nos *kata* de karatê, espera-se que o praticante visualize os ataques inimigos e as suas respectivas respostas. Os *karateka* "leem" um *kata* a fim de explicar os eventos imaginados.

Existem talvez mais de 200 *kata* entre os vários estilos de karatê, cada um com muitas variações menores. Diz-se que alguns *kata* têm sido passados adiante por vários séculos ou mais, e outros, como os Heian, foram criados apenas por volta de cem anos atrás. ASAI (Asai Shotokan Association International) inclui os *kata* Junro (desde o Shodan até o Godan), os quais foram criados pelo Mestre Asai, no seu currículo padrão. Com exceção desses *kata* modernos, as origens e a história dos *kata* não são claras, uma vez que elas não foram bem documentadas. Contudo, o propósito do *kata* é muito claro. O *kata* é um manual de karatê e as três funções (ferramentas) a seguir são encontradas nesse manual: uma ferramenta de autotreinamento, uma ferramenta de aprendizagem de combinações e uma ferramenta de transferência de conhecimento.

Ferramenta de Autotreinamento

O *kata* é uma ferramenta muito criativa através da qual nós podemos treinar completamente sozinhos. Embora as habilidades de karatê sejam para ser utilizadas contra um oponente, praticar sozinho possui mesmo assim um grande valor. Na verdade, é até melhor e mais eficaz treinar sozinho quando você deseja aperfeiçoar as suas técnicas. Talvez isso soe contrário ao que você pode supor, isto é, que você aperfeiçoaria as suas técnicas para as situações de luta real durante a prática de *kumite*. Na verdade, a maior parte do tempo, ter um oponente é um impedimento ao processo de aperfeiçoar as suas técnicas. Por quê? Porque você prestará muita atenção às técnicas do seu oponente—é claro, você não quer levar um soco no nariz. Isso significa que você está ajustando as suas técnicas para adequá-las às do seu oponente.

Para aperfeiçoar a sua técnica, você precisa repetir os movimentos corretos da mesma maneira centenas ou milhares de vezes. Enquanto fazer mil socos ou chutes diariamente é muito entediante e difícil, o *kata* é perfeito para realizar esse processo monótono. Você não precisa ir a um *dojo* para praticar *kata*. Enquanto você está em uma viagem de negócios, um quarto de hotel é grande o suficiente e você pode transformá-lo em seu próprio *dojo*.

Ferramenta de Aprendizagem de Combinações

O *kata* é uma longa série de técnicas, incluindo muitas combinações, giros, saltos, etc.; enquanto que no *kihon* separa-se apenas um segmento (uma técnica ou uma combinação curta) a fim de focar-se em melhorar especificamente aquela técnica ou combinação curta. Ao aprender a forma, ou os movimentos fundamentais, o praticante pode aplicar e modificar as técnicas para adequá-las às situações reais que compreendem inúmeras variações. Uma boa analogia pode ser o processo de aprender uma língua estrangeira. Nós inicialmente memorizamos um grupo de palavras de vocabulário e então algumas frases básicas. Essas são como o nosso *kihon*. Em seguida nós estudamos e memorizamos uma série de trocas de perguntas e respostas, como perguntar o caminho para a estação, comprar alguma coisa, etc. Esse é o nosso *kata*.

As artes ocidentais, como luta greco-romana (*wrestling*), esgrima e boxe, realmente desenvolveram alguns movimentos de *kihon*, mas não amadureceram em direção a um *kata*. Contudo, é interessante notar que na música clássica os alunos exercitam algumas composições feitas para estudos que podem ser consideradas como *kata*. A única diferença é que não existe a luta não combinada na música clássica, do tipo que você encontraria no jazz. Uma composição feita para estudos é exercitada para preparar o estudante para composições muito mais longas e tecnicamente mais exigentes.

Ferramenta de Transferência de Conhecimento

Em uma época em que as pessoas não possuíam vídeo ou equipamentos para auxílio visual, um grupo de movimentos fixos (*kata*), que podia ser praticado repetidamente e repassado para outros alunos, era uma grande ferramenta para transmitir as intrincadas combinações de técnicas. Assim, mesmo que um mestre viesse a falecer, as suas técnicas distintivas viveriam enquanto os seus alunos praticassem o seu *kata*, o qual continha tais técnicas. Embora seja possível escrever as técnicas em um papel, é extremamente difícil descrever completamente em um documento escrito todos os detalhes das técnicas que estão contidas nas longas sequências de luta.

É verdade que as disputas de *kata* têm-se tornado mais populares nos torneios de todos os estilos tradicionais de karatê. Por outro lado, eu ouvi que alguns instrutores e praticantes abandonaram o treino de *kata*, pois não conseguiam ver os seus benefícios ou entender a sua relação com o *kumite*. Isso vem do desconhecimento das aplicações (*bunkai* [分解]).

Outra preocupação é que a tradição de conservar o *kata* tem mudado ultimamente, e possivelmente está se extinguindo. Uma recente desenvolvimento nas competições de *kata* é que muitos competidores estão modificando o ritmo e as formas para fazê-los terem uma aparência mais dramática, com o propósito de conseguir pontuações mais altas nas competições. Como resultado, alguns dos *kata* não têm mais a aparência ou as técnicas exatas dos *kata* originais. Com isso, a terceira função do *kata*, a transferência de conhecimento, está perdida.

No decorrer dos meus estudos e pesquisas, eu descobri muitas ideias equivocadas e equívocos que estão associados com o *kata* e o seu treinamento. Existem milhares de *karateka* sérios que adoram o *kata* e o praticam com esmero. Portanto, é muito lamentável que esses mitos e equívocos ainda existam e possam continuar a causar uma influência negativa sobre esses praticantes. Neste capítulo, eu desejo expor esses problemas para o mundo do karatê e perguntar ao leitor se ele concorda ou discorda. Independente de qual lado o leitor possa assumir, eu tenho esperança de que mais pessoas venham a ter uma compreensão melhor do verdadeiro propósito dos nossos *kata* e desenvolvam uma apreciação pela herança que nós tivemos a sorte de receber.

Em primeiro lugar, eu quero que o leitor saiba que eu fui membro da maior organização japonesa de karatê por mais de 40 anos até que mudei para o karatê Asai Ryu em 2001. Eu não saí dessa organização com nenhum tipo de desentendimento e ainda possuo um grande respeito por ela. A intenção deste capítulo certamente não é atacar essa organização. A minha única intenção é expor um erro crítico que ela infelizmente praticou em meados da década de 80. Foi um grande erro que causou—como eu testemunhei—um imenso impacto sobre o treinamento do Shotokan.

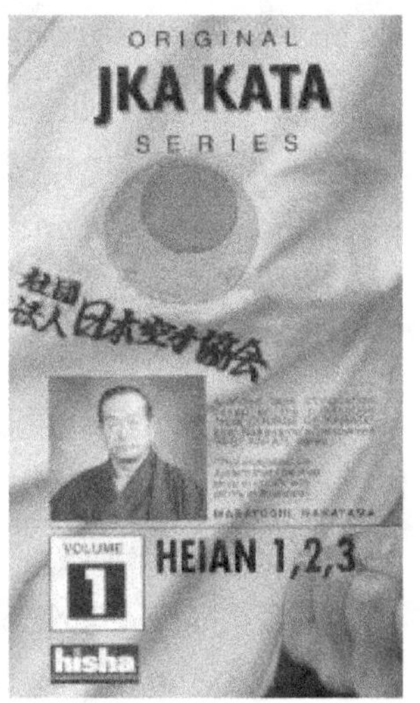

Eu estou me referindo a um vídeo oficial produzido por essa organização japonesa de karatê, bastante conhecido. Eu suspeito que muitos dos leitores podem possuir uma cópia ou pelo menos ter assistido ao vídeo no passado. Ele foi filmado em cenários atraentes (templos, santuários, cachoeiras, montanhas, etc.) e contava com a atuação de instrutores japoneses famosos. O vídeo foi produzido originalmente em formato VHS, mas agora está disponível em DVD, com dublagem em inglês. Uma coisa que não se sabe é que esse filme foi criado pensando nos praticantes ocidentais. Eu vou explicar por que esse ponto é importante mais tarde. Um *sensei* não japonês fornece a seguinte resenha para esse vídeo:

> Não é simplesmente uma forma de aprender o karatê Shotokan, mas a referência definitiva pela qual o progresso do praticante deve ser medido. Uma série de vídeos produzida profissionalmente...que servirá como um guia infalível para o método correto de executar os *kata* do Shotokan.

Eu respeito esse *sensei* pelo seu profundo conhecimento e seus longos anos de treinamento na sede da organização no Japão. Na verdade, eu tive o prazer de ler muitos dos seus artigos na revista *Shotokan Karate Magazine* e o respeito muito como instrutor de karatê. Contudo, eu simplesmente não posso aceitar que esse vídeo seja "a referência definitiva" ou "um guia infalível para o método correto de executar os *kata* do Shotokan". A demonstração dos *kata* é excelente e esse vídeo definitivamente possui seu valor nesse aspecto. Porém, eu tenho sérias críticas ao seu *bunkai*. Francamente, muitas aplicações mostradas no vídeo não são realistas e são estranhas.

Como você pode observar, os *sensei* que aparecem no vídeo aplicam as técnicas e os passos exatamente da mesma maneira que são requeridos nos *kata*. Você pode perguntar: "Então, qual é o problema?". O problema é que eles desconsideram ou descartam as verdadeiras aplicações que correspondem a movimentos escondidos ou modificados no *kata*. No vídeo, esses *sensei* atuam tão bem que as técnicas parecem naturais e até mesmo realistas. Eu suspeito que a maioria dos espectadores acredita que todas as técnicas dos *bunkai* mostrados lá estão corretas. Apenas tente você mesmo com os métodos e passos exatos mostrados no vídeo. Você descobrirá que muitas técnicas não funcionam corretamente. Não culpe as suas técnicas se você tiver problemas, pois o *maai* e as aplicações não são realistas ou aplicáveis.

Aqui estão algumas das explicações que eu considero estranhas ou não realistas. Eu também vou fornecer as aplicações que aprendi com Sugano Sensei e Asai Sensei. Eu gostaria de pedir ao leitor para compará-las para que veja qual grupo de aplicações faz mais sentido ou é mais realista.

Heian Shodan (平安初段)

Os primeiros dois movimentos representam uma combinação de bloqueio e contragolpe. Infelizmente, esse é o início de uma série de aplicações irrealistas. Apenas imagine se você fosse o atacante. Você andaria para trás depois do primeiro *chudan oi zuki* mesmo que o *oi zuki* fosse bloqueado? Muito provavelmente, não. Em vez disso, você provavelmente manteria a sua posição e desferiria outra técnica de ataque, como um *gyaku zuki* ou um *enpi uchi*, se a distância fosse curta. Se o atacante permanecer na mesma posição, o defensor não poderá andar para frente para desferir um *oi zuki* como foi prescrito no Heian Shodan. Faz mais sentido para o defensor lançar um *gyaku zuki* depois de um *gedan barai*. No vídeo, é claro, o atacante convenientemente dá um passo para trás para permitir um bom *maai* para o defensor, que poderá então andar para frente para executar um *oi zuki*.

Por que o criador dos *kata* Heian, Anko Itosu (o professor de Funakoshi), fez o segundo movimento como um passo para frente com um *oi zuki* com o braço direito? Existe uma técnica escondida logo no primeiro movimento do Heian Shodan, que não é mencionada ou mostrada no vídeo. A primeira técnica obviamente parece com um *gedan barai* esquerdo, mas ela é mais do que apenas um bloqueio. Ela é na verdade uma técnica que inclui outra função, um *gedan* (ou *chudan*) *kentsui uchi*. O defensor entra e defende o *chudan zuki* com a área do cotovelo em vez da área do pulso, e então prossegue golpeando o atacante com um punho-martelo. Com esse contra-ataque, o atacante poderá então andar para trás como é visto no *kata*, o que seria antinatural se o primeiro movimento fosse apenas um bloqueio.

Existe uma técnica escondida adicional no segundo movimento, chamada *ashi no kiri kaeshi* (足の切り返し, 'retorno do pé para trás'), a qual pode ser usada em muitas outras partes do *kata*. Para um *maai* fixo e curto, você não pode dar um passo inteiro para frente, então em vez disso você traz de volta o seu pé para *heisoku dachi*, e então dá um passo rápido para frente com o seu pé direito para desferir um *chudan oi zuki* direito. Essa troca de pés permite que o defensor execute um *oi zuki* na distância que estiver disponível.

Heian Nidan (平安二段)

A aplicação dos três primeiros movimentos (e a dos três movimentos seguintes, que são realizados como imagem espelhada) é um grande problema. Ela é demonstrada no vídeo como um *jodan uchi uke* esquerdo com a mão direita servindo apenas como um *kamae* erguido acima da testa. Já o segundo movimento é uma técnica muito intrincada de capturar um soco com o cruzamento dos antebraços. Você vê esse tipo de técnica em filmes de kung fu, mas você ensinaria isso para alunos de 8° *kyu*?

A aplicação realista para o primeiro movimento é descrita a seguir. Você bloqueia um *jodan zuki* com o seu *jodan age uke* direito—o braço direito não é um *kamae*—e simultaneamente você golpeia a mandíbula do oponente com um soco do tipo *uppercut* com o braço esquerdo. Essa é uma bela técnica do tipo *morote*. O segundo movimento é um *chudan ura zuki* com o seu punho direito, enquanto você puxa o punho esquerdo em preparação para o terceiro movimento (*chudan zuki* esquerdo).

Heian Sandan (平安三段)

Muitos devem questionar-se sobre o significado do segundo (*gedan barai* esquerdo e *chudan uchi uke* direito) e terceiro movimentos (*gedan barai* direito e *chudan uchi uke* esquerdo). Eu tenho certeza de que o leitor irá concordar que as técnicas demonstradas pelo atacante no vídeo (um soco e um *mae geri* executados como um ataque simultâneo) são muito pouco realistas. Eu não vou descrever os detalhes do *bunkai* realista, mas trata-se de uma técnica de torção de braço.

Heian Yondan (平安四段)

Se o primeiro movimento é uma técnica de bloqueio, não é estranho então virar para o outro lado para executar outro bloqueio sem aplicar nenhum contra-ataque depois da primeira técnica (ou depois da segunda técnica)? No vídeo, o *sensei* que realiza a técnica adiciona um ataque de mão em faca depois do segundo movimento, o qual não está neste *kata*. Então existem técnicas que estão faltando? O que está faltando na realidade é o conceito básico de que a mão da frente é a mão atacante. A mão em faca da frente não é uma defesa, mas um ataque. Ela é na verdade um golpe penetrante contra a garganta do oponente ou um *teisho uchi* ('ataque com a base da palma da mão') contra o seu queixo. O bloqueio é feito pela mão de trás em uma maneira similar à feita no Nidan. Com essa aplicação, acaba--se o mistério de que essas técnicas seriam exclusivamente de bloqueio.

Heian Godan (平安五段)

Existe um movimento de salto depois do *jodan ura zuki*. O vídeo indica que esse salto é para escapar de um golpe com *bo* contra a área dos joelhos. O conceito básico desse movimento não é estranho. No entanto, como você explica o movimento seguinte? O *sensei* no vídeo utiliza esse movimento (*gedan kosa uke*) com as pernas cruzadas como uma técnica de contragolpe contra o atacante que possui o *bo*. Essa aplicação é muito antinatural. O mistério é resolvido quando nós descobrimos que a maioria dos saltos nos *kata* são técnicas de arremesso disfarçadas. Depois do *jodan ura zuki*, você agarra o *karategi* ou as roupas do oponente, e o arremessa usando a rotação do corpo. Se você praticou judô, pode ver facilmente como o movimento se aplica. Ao completar o arremesso, você termina com as mãos e os pés naquelas posições. Nos *kata*, este movimento é simbolizado como um salto principalmente para fortalecer os músculos das pernas e desenvolver a agilidade com o movimento de pulo.

Existem muitas outras aplicações estranhas e irrealistas ao longo desse vídeo, mas eu acho que não é necessário gastar mais espaço neste capítulo, uma vez que o leitor pode encontrá-las facilmente assistindo ao vídeo com um olhar mais crítico. Eu mesmo nunca ouvi nenhum comentário expressando dúvidas ou perguntas sobre essas aplicações, embora tenha visitado inúmeros *dojo* de Shotokan. Eu me pergunto por que ninguém questionou ou contestou abertamente isso antes?

E existe outra grande pergunta. Por que essa organização japonesa produziu esse vídeo dessa forma? O autor não conhecia as aplicações reais? Este, de acordo com o que disseram dois instrutores famosos, que também estavam envolvidos na preparação do vídeo, realizou um sério debate antes da produção para decidir se eles mostrariam o *bunkai* verdadeiro ou iriam prender-se aos passos exatos do *kata*. O autor escolheu a última opção por três razões principais.

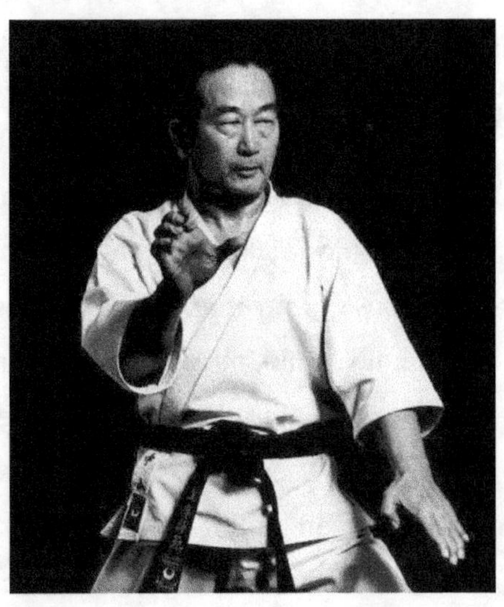

A primeira razão era para mostrar que todos os passos nos Heian (desde o Shodan até o Godan) poderiam ser demonstrados e que o *bunkai* poderia ser aplicado utilizando as técnicas exatamente como aparecem nos *kata*. Embora isso significasse que eles teriam que forçar as aplicações, eles precisavam fazer isso. Muitos praticantes não--japoneses visitaram o *honbu* (本部) *dojo* nos anos 60 e 70 e perguntaram a respeito do *bunkai*, para entender melhor os *kata*. Isso é algo muito natural para os ocidentais, mas esse tipo de questionamento é muito raro para os alunos japoneses. A organização tinha que mostrar ou provar que todos os movimentos nos *kata* Heian poderiam funcionar no *bunkai* para satisfazer os alunos não-japoneses. Esses *sensei* atuaram tão bem no vídeo, que ao assisti-los ninguém sentiu que as aplicações fossem antinaturais ou irrealistas.

Outra razão para as aplicações escolhidas no vídeo veio do conceito de que todos os *kata* começam e terminam com um bloqueio. Para provar isso, eles tinham que utilizar o braço da frente para as técnicas de bloqueio. Na verdade, esse mesmo conceito já é equivocado. Na realidade, o punho da frente é utilizado como técnica de ataque em quase todos os *kata*. É triste, mas a verdade é que esse conceito correto é completamente ignorado no vídeo. No próximo capítulo eu discutirei com mais profundidade essa ideia equivocada de que todos os *kata* começam e terminam com um *uke* para revelar de onde ela surgiu e por que eles tiveram que honrá-la.

A última razão é ainda mais polêmica. Também era verdade que o autor do vídeo e os outros *sensei* não queriam mostrar o verdadeiro *bunkai* para o público e particularmente para os ocidentais. Não era muito difícil esconder essas coisas no

Japão já que os alunos não fazem perguntas lá, e ainda não fazem atualmente. Se um certo *kata* é ensinado, então os alunos o praticam diligentemente milhares de vezes sem nenhuma dúvida ou pergunta.

Contudo, como eu mencionei acima, nos anos 60 e 70, cada vez mais ocidentais começaram a aprender karatê, e eles passaram a fazer perguntas sobre as aplicações. Os instrutores hesitavam em mostrar as verdadeiras aplicações, que requerem a modificação dos movimentos e muitas explicações complexas. Eles não eram bons em fazer explicações longas e complexas, já que essa é uma prática incomum no Japão, particularmente em uma situação de artes marciais. Além disso, os *sensei* temiam que, ao saber as verdadeiras aplicações, os estudantes estrangeiros considerassem, equivocadamente, que os movimentos do *kata* eram incorretos e os alterassem, a fim de se ajustarem às aplicações.

Como resultado, eles não explicaram aos alunos que o *kata* representa apenas os movimentos de livros didáticos. Na verdade, não existe uma aplicação absolutamente correta para cada movimento. Há muitas variações e interpretações diferentes. O *kata* representa os movimentos mais comuns e eficazes, juntamente com muitas ideias e técnicas escondidas. Isso exigiria muita explicação e um vídeo muito mais longo, e é por isso que o autor optou por produzir um vídeo simples e direto, mostrando um método de *bunkai* para evitar possíveis confusões na relação do *kata* com o *bunkai*.

Isso foi tremendamente infeliz e também irônico. Eu sinto que esse filme lindamente produzido resultou em mais danos do que benefícios aos praticantes não japoneses relativamente à sua verdadeira compreensão do *kata* em relação ao seu *bunkai*.

Capítulo Sete
第七章

Iniciar e Terminar o Kata com Bloqueios
形は受けで始まり受けで終わるのか

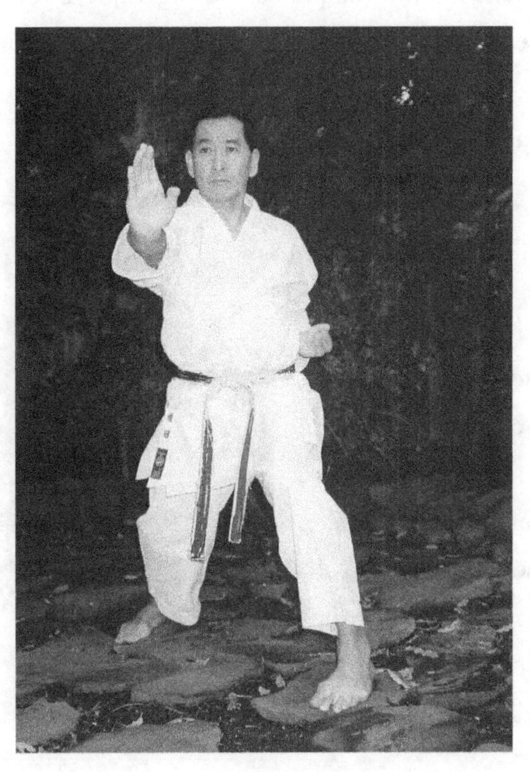

Uma crença popular e incorreta sobre os nossos *kata* é que todos começam e terminam com uma técnica de bloqueio. Eu fui ensinado por meu *sensei*, o finado Jun Sugano (菅野淳, 1928–2002), que alguns *kata* podem começar com um *uke waza* (受け技, 'técnica de defesa') mas que o último movimento jamais é um bloqueio. Observe que, em alguns casos, o último movimento pode parecer uma técnica do tipo *uke*, mas na verdade trata-se de um movimento de *zanshin* (残心). Alguns exemplos são discutidos mais abaixo.

No capítulo anterior, eu já observei que os primeiros movimentos dos *kata* Heian Shodan, Nidan e Yondan não são bloqueios. Agora, vamos olhar para alguns dos *kata* principais do Shotokan e examinar os primeiros e últimos movimentos de cada um para ilustrar esse importante ponto. Os *bunkai* descritos abaixo são baseados nos ensinamentos que eu recebi de Sugano Sensei. Eu entendo que há muitas interpretações para estes *kata*. Uma delas é seguir a aplicação de acordo com os nomes literais dos movimentos, e assim o primeiro e último movimentos sempre podem ser considerados como bloqueios. Eu peço que o leitor avalie os *bunkai* apresentados aqui e faça a comparação com os *bunkai* que começam e terminam com bloqueios. Eu gostaria de desafiar o leitor a ver qual interpretação faz mais sentido e é mais realista.

Bassai Dai (抜塞大)

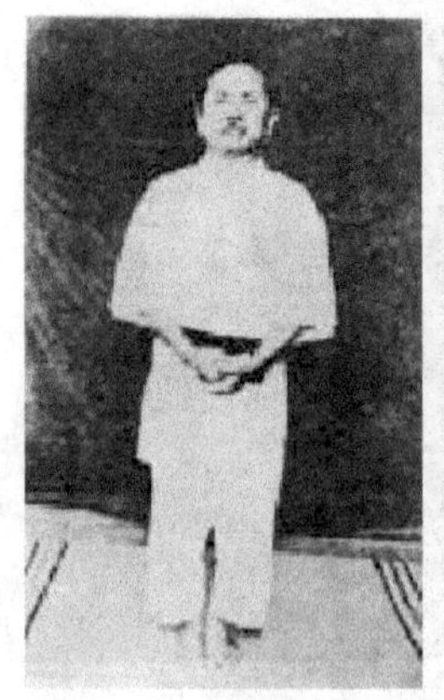
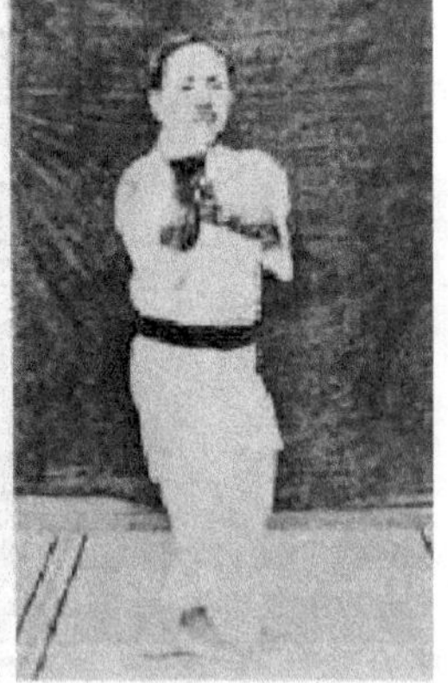

O primeiro movimento chama-se *morote chudan uke*. A técnica deste movimento é uma combinação de um *osae uke* ('bloqueio pressionando') com a mão esquerda e um *uraken uchikomi* simultâneo com a mão direta. Este primeiro movimento simboliza o *kata* Bassai, o qual significa 'romper a fortaleza'. Sugano Sensei costumava dizer-nos: “Golpeie para arrebentar uma porta pesada com este movimento”. Este *kata* deve começar com um golpe ou movimento de ataque devastador. Se o praticante inicia este *kata* com o sentimento de realizar um bloqueio primeiro, deixará escapar a verdadeira natureza do *kata* Bassai.

O movimento final é um *shuto uke*, mas é mais fácil interpretá-lo como um ataque. Nós realizamos este movimento com um *kiai* e ele é definitivamente executado como um ataque de mão em faca, não como um bloqueio.

Kanku Dai (観空大)

Embora o primeiro movimento, onde as mãos abertas sobem acima da cabeça e então retornam para baixo em uma trajetória circular, possa ser interpretado como um movimento de chave de braço contra dois oponentes que agarram os ombros, este movimento é frequentemente interpretado simplesmente como um gesto ritual, como o de curvar-se em um cumprimento. O movimento de um círculo amplo para fora vindo de cima significa a preparação para a luta e/ou a abertura do espírito do praticante para a luta. Sugano Sensei costumava dizer: “Agora vocês estão abrindo os portões do seu castelo”. É comparável com o derradeiro movimento, onde os braços inicialmente fazem um círculo para fora, e então viram para fazer um círculo para dentro enquanto descem, e finalmente repousam na posição de *yoi*. Este movimento significa fechar os portões do castelo, com um sentimento de *zanshin*.

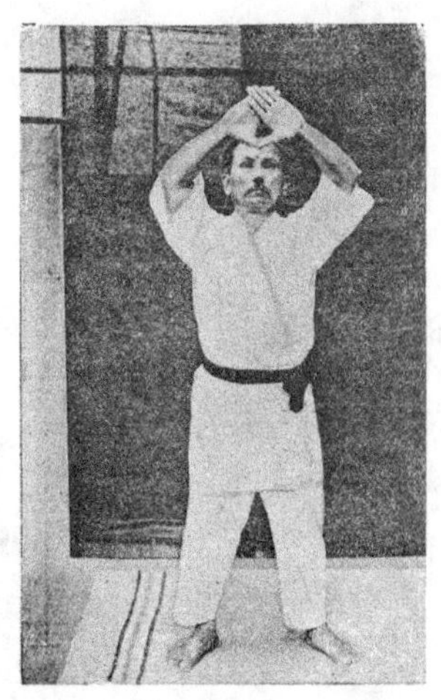

Assim, com a interpretação de que o primeiro e último movimentos são ritualísticos, os primeiros movimentos de luta na verdade são as técnicas de *jodan shuto*, as quais são similares às primeiras técnicas de Heian Yondan. Este movimento, executado rapidamente no Kanku, chama-se *shuto uke*, mas na verdade é o nome um disfarce para um *nukite* ou *shuto uchi*. Se as primeiras duas técnicas fossem dois bloqueios para a esquerda e para a direita, realmente não faria sentido. Teríamos que perguntar o que acontece com o oponente depois do *jodan shuto uke*. Será que ele fica com medo e foge? Será que se move para o outro lado e ataca novamente? Interpretar estes dois movimentos rápidos de *shuto* como um golpe rápido em cada lado na altura de *jodan* (atacando dois oponentes que se aproximam para socar de cada lado do defensor) é mais natural e faz mais sentido.

O último movimento de luta (antes do movimento ritual dos braços em círculos amplos descrito acima) é um *nidan geri* e depois um *jodan uraken uchikomi*. É executado com um *kiai*, e ninguém vai discordar de tratar-se de um movimento de ataque.

Hangetsu (半月)

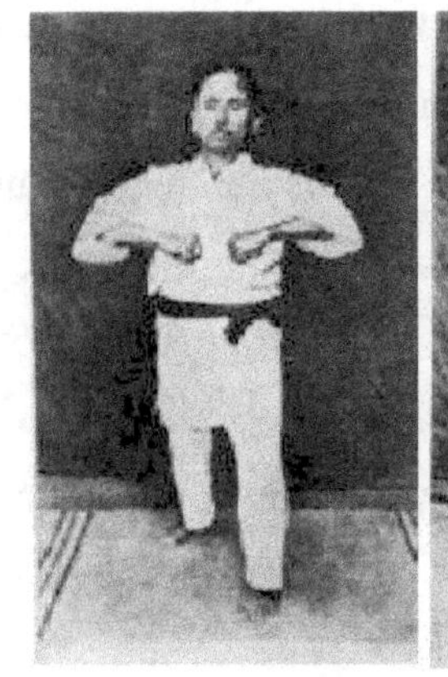
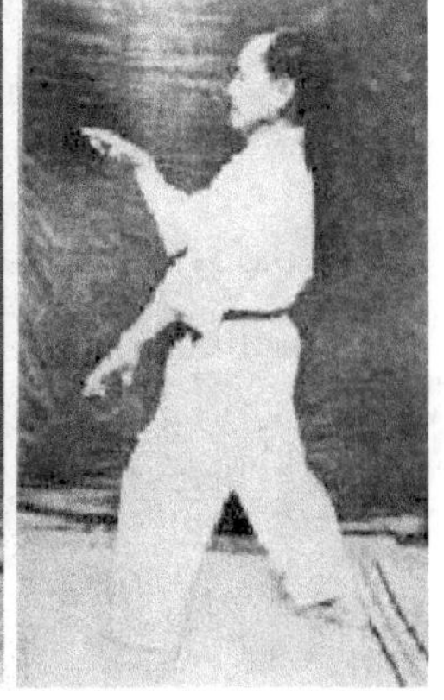

O primeiro movimento realmente é um *chudan uchi ude uke*, uma técnica de bloqueio. O propósito principal deste *kata* é aprender o *hangetsu dachi*, e o criador do *kata* escolheu *uchi ude uke* como o primeiro movimento. Este primeiro movimento também poderia ter sido um *gedan barai*, já que esta técnica requer uma tensão corporal similar, mas o criador optou por *uchi ude uke*. Hangetsu tem a singularidade de ter vindo do Naha Te (那覇手), enquanto a maioria dos *kata* do Shotokan vem do Shuri Te. Hangetsu é realmente especial enquanto *kata* do Shotokan, pois ele é o único *kata* onde se devem praticar exercícios de respiração profunda da maneira como se vê em muitos *kata* do Goju Ryu, como o Sanchin e o Tensho.

Agora você pode dizer: "O último movimento, *gedan morote teisho uke*, é definitivamente uma técnica de bloqueio". Sim, parece que sim; mas se você investigar a história e o desenvolvimento deste *kata*, descobrirá que este movimento é uma modificação de um *shuto mawashi uke* com um *jodan teisho uchi* simultâneo. Compare os movimentos de preparação desta técnica particular (uma mão puxada para próximo do tórax, e a outra no quadril) com os do Hangetsu (ambos os *shuto* puxados para os quadris). Você perceberá que eles são muito similares e verá a conexão entre estas técnicas. Ainda assim, alguns praticantes consideram o *morote teisho uke* como um gesto representando *zanshin* depois de um movimento de *kime* com o *gedan gyaku zuki*. Contudo, eu estou certo de que o leitor concordará que a primeira interpretação é mais natural e verossímil.

Gankaku (岩鶴)

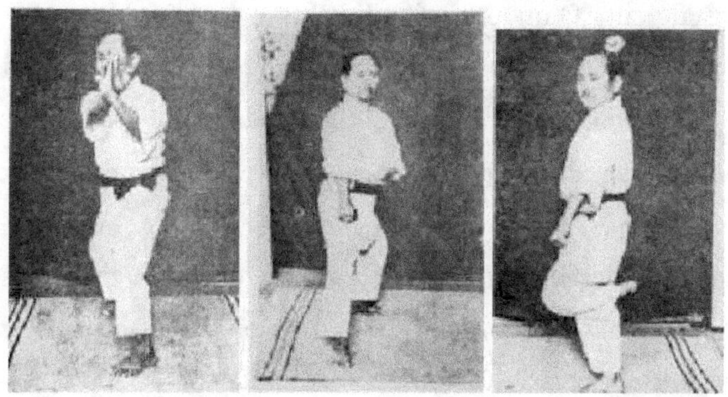

Realmente o movimento inicial deste *kata* parece uma técnica de bloqueio. Contudo, se você pensar neste movimento peculiar (ou antinatural) das mãos, poderá compreender que aqui existe uma técnica escondida. Trata-se, na realidade, de um *jodan morote shuto hasami uchi*, mas modificado para parecer-se com um bloqueio. Esta combinação de *jodan juji uke* (ou *shuto hasami uchi*), *morote osae uke* e *nihon zuki* foi incorporada no Heian Godan.

O último movimento, o *oi zuki* depois do *yoko geri*, não precisa ser explicado ou debatido.

Enpi (燕飛)

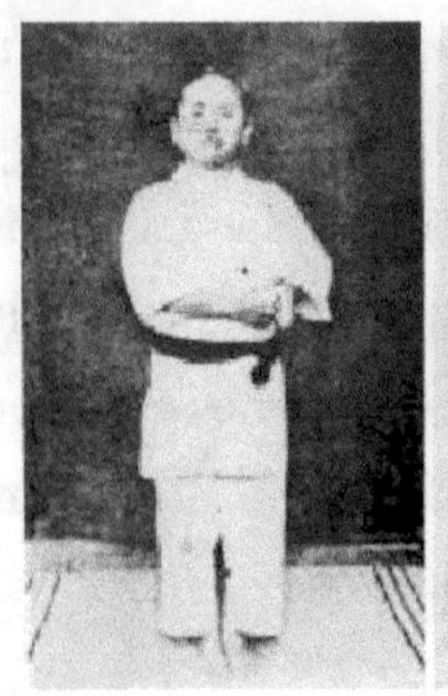
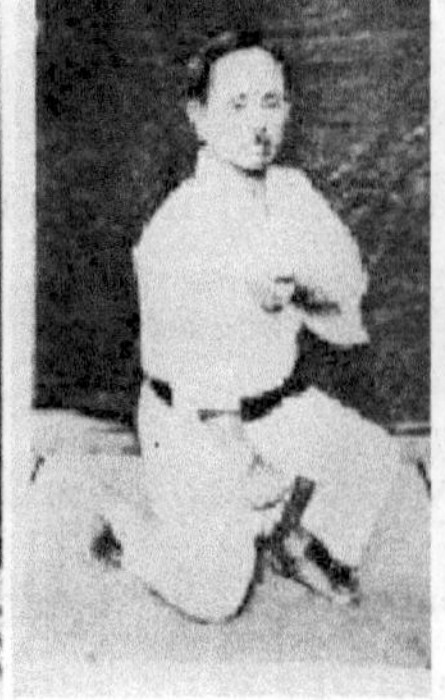
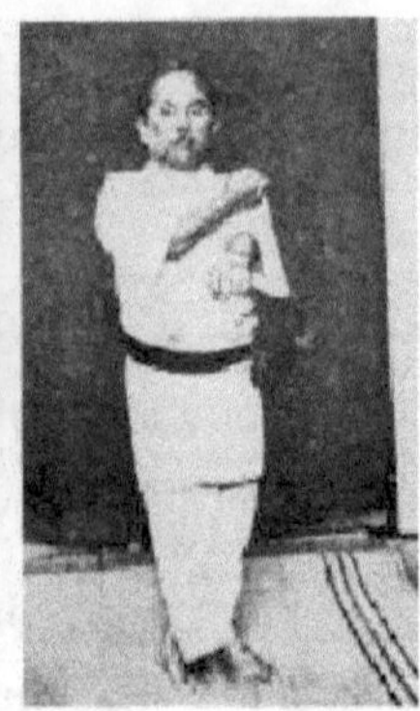

O primeiro movimento é difícil de interpretar. Você se ajoelha suavemente enquanto bloqueia para baixo com o punho direito, e leva o punho esquerdo para a frente do seu peito. O que isso significa? Isso é na verdade um *tsukami uke*, que serve para agarrar o oponente com a mão direita enquanto você simultaneamente desfere um *kagi zuki* com a mão esquerda. Novamente, esta é uma técnica escondida que precisa ser explicada por um instrutor que entenda a aplicação real deste *kata*.

Chegando ao final do *kata*, existe um salto, o qual também possui uma aplicação escondida. Como eu expliquei sobre o Heian Godan, o salto em Enpi também é uma técnica de arremesso. O *kokutsu shuto uchi* com a mão direita é o verdadeiro último movimento, que desfere um golpe no oponente que acabou de ser arremessado. O próximo movimento, que é um passo para trás em um *kokutsu dachi* esquerdo com um *shuto uke*, não é uma técnica de bloqueio, mas em vez disso um movimento de *zanshin* executado enquanto você afasta-se do oponente caído.

Jion (慈恩)

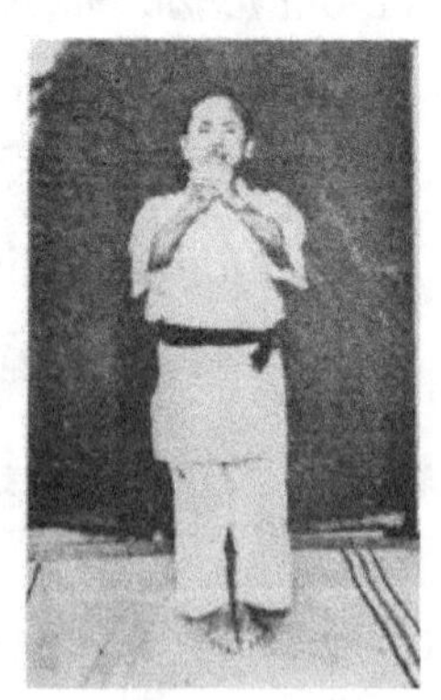

O primeiro movimento é similar ao que aparece no Heian Sandan. O vídeo comentado no capítulo anterior mostra um *bunkai* de um bloqueio duplo contra um oponente que ataca com dois socos ou com um soco e um chute ao mesmo tempo. É melhor interpretar este movimento como uma técnica de torção de braço contra um oponente que agarra os seus ombros. Também é frequentemente considerado como uma posição de *kamae* antes de uma luta.

O último movimento obviamente é um *chudan zuki* com o braço esquerdo, o qual é um ataque.

Jutte (十手)

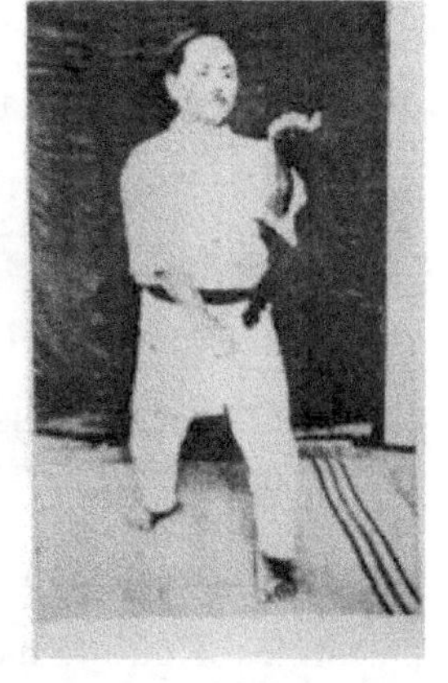

Este *kata* foi criado tendo como base o conceito de lutar contra oponentes com bastões. É difícil interpretar as aplicações hoje em dia, uma vez que este *kata* não é mais ensinado naquele contexto. Ele foi modificado de modo que as técnicas possam ser usadas contra oponentes desarmados.

O primeiro movimento é um *maki otoshi uke* ('bloqueio com torção de pulso'), e está realmente bloqueando o bastão de um oponente, com o objetivo de agarrá-lo e retirá-lo.

Os últimos movimentos são uma série de *jodan age uke*, mas eles na verdade não se aplicam como *age uke* quando luta contra um oponente com um bastão. Os punhos estão fechados, mas eles seguram um bastão, e a posição real dos punhos é similar à que você encontrará no Meikyo (um punho próximo à sua testa e o outro em frente em *gedan*). Esta suposta sequência de técnicas de *age uke* é na verdade uma técnica disfarçada, de rasteira com a perna e arremesso, usando um bastão.

Existem muitos outros *kata* bem conhecidos, mas eu acredito que escolhi aqui um número suficiente de exemplos para demonstrar o meu posicionamento. Depois de revisar todos estes *kata*, nós devemos nos perguntar por que os mestres do Shotokan, incluindo Funakoshi Sensei, concordaram com a declaração de que "todos os *kata* começam e terminam com técnicas de bloqueio". Até onde eu sei, existem pelo menos três razões ou causas diferentes para este mito.

Razão 1

Para entender a primeira razão, nós temos que olhar para a história do Shotokan. No início do século XX, Funakoshi Sensei tinha que propagar o karatê no Japão. Ele era pobre e desconhecido. Ele precisava de um patrocinador no Japão para ser bem-sucedido, e essa pessoa era Jigoro Kano (嘉納治五郎, 1860–1938 [foto à direita]), o fundador do judô.

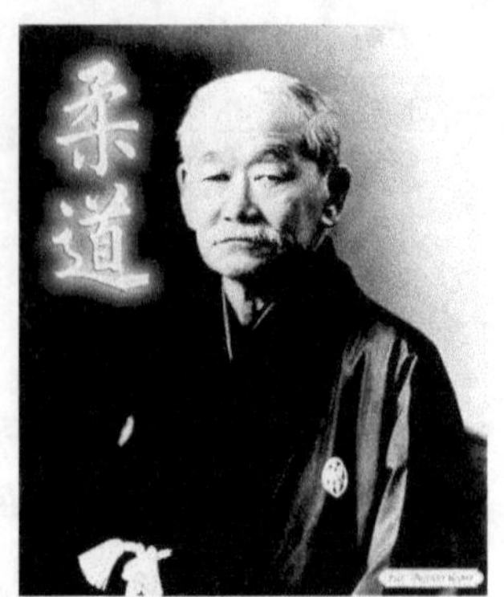

Depois de observar uma demonstração de Funakoshi Sensei, Kano Sensei ficou muito impressionado com as suas técnicas de karatê. Na verdade, ele propôs que Funakoshi Sensei se afiliasse ao Kodokan Judo (講道館柔道) e fizesse parte da organização. Funakoshi Sensei recusou a oferta diplomaticamente; mas ele tinha que trabalhar próximo a Kano Sensei, que possuía extrema influência nos âmbitos da educação e do esporte no Japão. Por ser fluente em inglês, Kano Sensei foi um representante oficial do comitê olímpico enviado para encontros na Europa no início do século XX.

Como a maioria dos leitores sabe, o judô veio do *jujutsu*. Kano Sensei removeu algumas das técnicas claramente perigosas do *jujutsu* para tornar o judô mais seguro e mais atraente ao público. A maioria das técnicas que Kano Sensei retirou tratava-se de golpes e chutes que vinham dos combates corpo-a-corpo da era feudal dos séculos XIII e XIV. Funakoshi Sensei não queria apresentar o karatê como uma ameaça ao judô. Assim, ele apresentou a Kano Sensei o conceito de que todos os *kata* começavam e terminavam com técnicas de bloqueio, e dessa forma o karatê era uma arte marcial muito “defensiva”.

Razão 2

Depois da Segunda Guerra Mundial, o exército de ocupação proibiu os japoneses de praticar qualquer tipo de artes marciais. Eles consideravam que o espírito samurai era a razão pela qual o exército japonês lutava tão ferozmente. (Os pilotos kamikaze nunca desistiam, preferindo cometer *harakiri*, ataques *banzai*, etc.) Eles achavam que o treinamento de artes marciais encorajaria a formação de hostilidades contra o exército de ocupação.

No entanto, no final dos anos 40, Funakoshi Sensei e alguns outros mestres de karatê foram ao quartel-general das forças de ocupação, e pediram permissão para o treinamento de karatê. Eles repetiram a mesma declaração de que o karatê era uma arte marcial muito defensiva e a prova era que todos os *kata* começavam e terminavam com técnicas de bloqueio.

Razão 3

Existe outra razão para que alguns dos *sensei* japoneses dos tempos atuais continuem a repetir este mesmo mito publicamente. A razão a seguir pode ser polêmica e alguns instrutores japoneses podem discordar fortemente dela, mas a declaração de que "todos os *kata* começam e terminam com técnicas de bloqueio" é usada frequentemente porque, infelizmente, o karatê possui uma imagem ruim no Japão.

Quando o karatê foi introduzido no Japão vindo de Okinawa, aproximadamente cem anos atrás, o público japonês não sabia nada sobre esta arte. O karatê era visto como uma habilidade excessivamente perigosa. Ele recebeu uma percepção similar nos Estados Unidos depois da Segunda Guerra Mundial, quando os militares americanos o trouxeram de volta para o seu país. Alguns praticantes (particularmente os que eram ruins) usaram esta imagem errada para tornar-se mais poderosos ou temidos. Eles frequentemente gabavam-se das suas habilidades e ajudavam a espalhar esta imagem errada nos tempos iniciais do desenvolvimento do karatê.

Antes da Segunda Guerra Mundial, houve um filme popular chamado *Sugata Sanshiro* (姿三四郎 [Toho Studios, 1943]), em que o personagem-título é um especialista no judô que tem um duelo com um praticante de karatê com aspecto imundo e doentio. O praticante de karatê usa técnicas “desleais” e “trapaceia” (para enfatizar o seu mau caráter), mas ao final o praticante de judô vence. Era um filme típico de um mocinho lutando contra um malvado, mas certamente ele manchou a imagem do karatê.

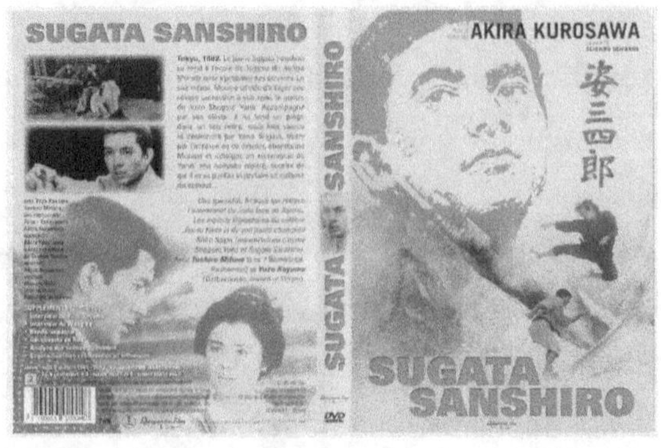

Nos anos 80 e 90, torneios de karatê de contato pleno tornaram-se muito populares no Japão. O público viu muitos punhos arrebentados e rostos sangrando na TV. Essas imagens certamente causaram uma má impressão do karatê para o público, embora alguns jovens achassem que isso era legal. Além disso, ocorreram algumas infelizes mortes acidentais em alguns clubes de karatê universitários. Embora esses acidentes não fossem frequentes, as pessoas passaram a ter a ideia errada de que o karatê era uma arte marcial excessivamente perigosa.

Contra todas essas ideias equivocadas do karatê, você não pode culpar aqueles *sensei* por enfatizarem a parte defensiva do karatê e reforçarem ao público os seus aspectos pacíficos.

Independente das razões, é um fato oculto que os *kata* que nós praticamos não necessariamente começam, e nunca terminam, com um *uke waza.* Eu espero que, ao saber disso, a nossa atitude mental no início e no fim dos *kata* seja diferente daquela que tínhamos quando pensávamos que essas técnicas eram apenas bloqueios.

Capítulo Oito
第八章

Retorno ao Ponto Inicial
形は開始所定地に戻る

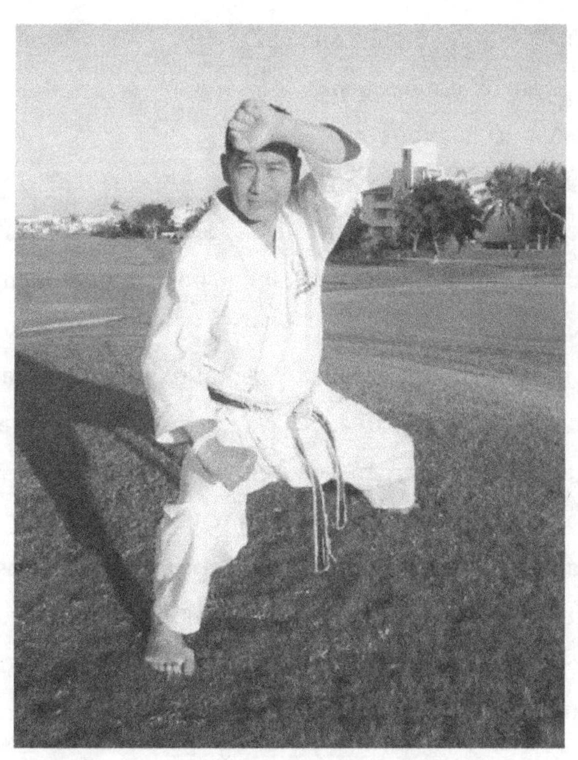

Quando praticamos *kata*, é realmente obrigatório voltarmos para o exato ponto onde começamos? Eu posso quase ouvir a sua resposta: "Sim, Nakayama Sensei disse isso em *O Melhor do Karatê*". Você está absolutamente correto. Ele listou estes seis pontos importantes para o *kata* naquele famoso livro:

1. Ordem correta
2. Início e fim
3. Significado de cada movimento
4. Consciência do alvo
5. Ritmo e tempo
6. Respiração apropriada

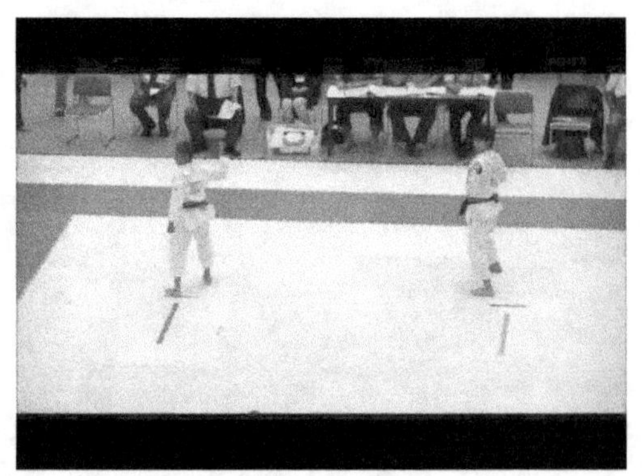

Para o item 2 acima, ele afirmou claramente: "O *kata* deve iniciar e terminar no mesmo ponto no *enbusen*. Isso requer prática". Se você está em uma competição, isso é um requisito absoluto, não é? A foto à direita mostra um típico piso de competição com os pontos de início e fim visivelmente marcados. Se você terminar afastado, digamos, por um metro, eu tenho certeza de que esses juízes cuidadosos vão retirar alguns pontos da sua apresentação.

Você já se perguntou sobre por que existe tal requisito? Nakayama Sensei não explicou a razão no seu livro. Talvez seja uma coisa muito natural, e você pode estar pensando que eu estou perdendo tempo ao perguntar isso. Mas eu tenho me perguntado sobre isso e investigado insistentemente por muitos anos. Eu tinha curiosidade de saber se os criadores dos *kata* (por exemplo, Itosu e os seus *kata* Heian,) realmente projetaram todos os *kata* de tal maneira que quem o executasse fosse sempre retornar ao ponto inicial.

Depois de muita investigação e questionamento direto, eu concluí que esse não é o caso. Alguém mudou a regra e criou esse novo requisito de retornar exatamente ao ponto inicial. Eu queria descobrir quem estava por trás disso, e quais eram as razões. Isso é um mistério, e aqui eu desejo compartilhar as minhas descobertas e a minha teoria sobre esse mistério com você.

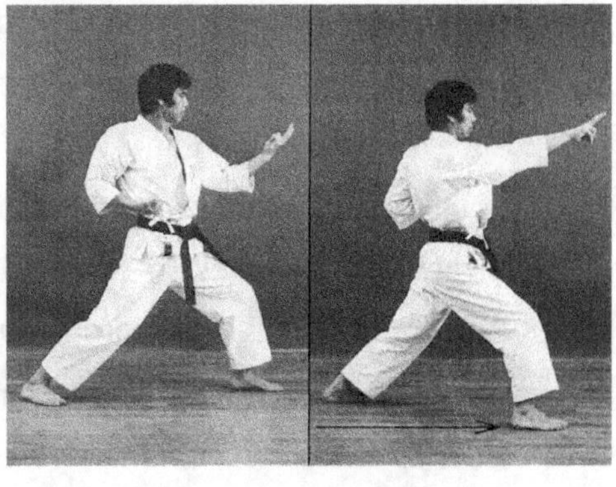

Se você é um *nidan* ou acima, você deve ter aprendido Chinte (珍手), e este *kata* pode ser o seu *kata* de competição, especialmente se você é uma mulher. Nós sabemos que este é um *kata* muito singular—*chinte* significa literalmente 'mão rara' ou 'mão estranha'—mas você percebe que o final dele (três pulos para trás) também é muito singular (estranho)? Eu pesquisei por muitos anos e perguntei a muitos *sensei* sobre esses três passos finais. Por muito tempo, ninguém conseguia me fornecer um *bunkai* verossímil para esses movimentos singulares com os pés em *heisoku dachi* e as mãos unidas. Isso era um grande mistério para mim, já que eu não conseguia descobrir o significado desses estranhos saltos.

A seguir eu conto o que eu descobri no processo de investigação. Um *sensei* japonês, cujo nome eu não posso revelar, me contou que era para treino de equilíbrio. Sim, é realmente difícil manter o equilíbrio com os seus pés e mãos unidos. Mas se você refletir mais a fundo sobre isso, simplesmente não faz nenhum sentido, já que você ainda se pergunta por que esses movimentos foram colocados no final do *kata*. Depois da execução final de uma técnica com *kime* (aqui o *gyaku zuki* direito contra *chudan* com *kiai*), nós podemos esperar um movimento de *zanshin*, como é visto com o último passo de Enpi. Contudo, por que alguém realizaria três saltos instáveis para trás como um movimento de *zanshin*? Mesmo que você acredite nessa ideia de que é um movimento para equilíbrio, por que pular com os dois pés juntos? Pular com apenas um pé seria um movimento mais próprio das artes marciais (como o *tsuru ashi dachi* em Gankaku). Por mais que eu considere a possibilidade, não posso acreditar nessa teoria.

Outro *sensei*, um americano, me disse que se tratava de se escapar para trás com os pés e mãos amarrados juntos. Hmm, interessante. Mas, com toda sinceridade, quando eu ouvi isso eu quase explodi em risos. Eu me controlei como podia, pois não queria ser rude com ele, já que ele estava falando com toda seriedade. Eu segui com uma pergunta natural: "Por que ou como alguém teria seus pés e mãos amarrados juntos naquele momento dentro do *kata*?". Infelizmente, ele não tinha uma resposta para essa pergunta.

Outra explicação era de que esse movimento consistia em uma técnica de puxar e derrubar o oponente. Eu acredito que essa foi demonstrada por um dos instrutores japoneses da JKA na Europa. Depois de socar a sua própria mão esquerda (representando um alvo imaginário) com o punho direito, você agarra o oponente com ambas as mãos e o puxa para junto a você. Então você continua puxando o oponente em três passos para derrubá-lo.

A pessoa de quem eu recebi essa informação disse que a demonstração era muito convincente. Sim, essa aplicação é realizável e pode ser razoável. Mas a minha pergunta a respeito dessa explicação era esta: "Por que isso é feito com os pés juntos e dando pulos?". Sim, eu tenho consciência de que alguns dos movimentos dos *kata* são disfarçados. Um bom exemplo são os saltos realizados em Enpi e Heian Godan. Não se tratam de pulos sobre golpes de bastão contra as suas pernas como comumente se acredita, mas sim de técnicas de arremesso. Em todo caso, como você explica a razão para os três pulos? Lembre-se de que a técnica logo antes desses pulos é um *gyaku zuki* com *kime* (simbolizado por um *kiai*), o que significa que essa técnica deveria derrubar o oponente. Assim, por que um lutador iria arrastar três vezes o seu oponente que já está caído? Mesmo com uma demonstração tão convincente, isso não pode explicar completamente a ideia por trás desses saltos.

E finalmente, Gennosuke Higaki (桧垣源之助), outro *sensei* japonês e o autor do famoso livro *Hidden Karate* (隠されていた空手 [Champ, 2006]), respondeu o meu questionamento. Ele explicou que esses passos foram adicionados para colocar o praticante de volta no ponto inicial. Quando eu li a sua carta eu disse para

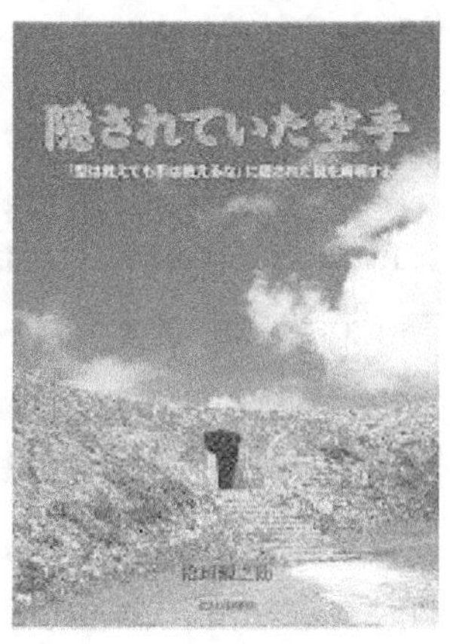

mim mesmo: “Sim, essa deve ser a resposta certa”. Eu também lembrava que a *Wikipédia* tinha um trecho sobre o Chinte, onde se lê o seguinte:

> Alguns acreditam que os três movimentos finais, uma série de pulos para trás, foram adicionados para trazer o *kata* de volta para a posição inicial, com o objetivo de facilitar a competição, porque eles não estão presentes nas outras versões do *kata* praticadas por outros estilos de karatê japonês.

Para verificar isso, eu conferi este *kata* em alguns outros estilos, a saber, Shito Ryu e Okinawa Kyudokan (沖縄究道館). No Shito Ryu, o nome do *kata* é *Chinte* ou *Chintei*, e algumas vezes também é chamado *Shoin* (松陰). No Kyudokan, chama-se *Chinti*. Estes *kata* realmente não possuem os três pulos no final. Se você estiver interessado em assistir a estes *kata*, pode achar os videoclipes no *YouTube*.

Eu quero compartilhar uma antiga lembrança minha sobre este assunto. Isso aconteceu no final da década de 70. Meu velho amigo de karatê, Sal Lopresti Pai—agora é um 7° *dan* e o instrutor-chefe da Shotokan Karate Jutsu International em Nova Jersey (http://www.shotokankaratejutsu.com/home.html)—executou Chinte na última rodada do Campeonato da Costa Leste (Estados Unidos) da ISKF/JKA. Eu me lembro com clareza deste incidente porque eu fiquei fortemente chocado. Eu testemunhei uma perda de ponto por ele ter dado quatro pulos em vez de três. É claro que naquela época eu não sabia o verdadeiro significado desses pulos, mas eu ainda achava que era injusto perder um ponto apenas por realizar um pulo extra. A execução do *kata* dele havia sido excelente, mas Sal perdeu o primeiro lugar por causa desse “erro”. Eu me comuniquei com ele recentemente sobre este incidente e ele me disse que certamente se lembrava muito bem do episódio, e com algum descontentamento.

No capítulo anterior, eu escrevi sobre vários *kata*, incluindo Bassai Dai, Kanku Dai, Gankaku, Enpi, etc., mas eu excluí Chinte por causa desse final particular. Eu fiz isso intencionalmente pois queria discutir este assunto polêmico em um capítulo em separado, este.

Certo, eu já disse o suficiente a respeito do Chinte. Nós podemos olhar para outro caso, os *kata* Heian, que nós todos já pensamos conhecer bem. Ao revisar o Pin'an Nidan de Okinawa (o Heian Shodan do Shotokan), eu descobri que houve uma mudança nos últimos quatro passos do Heian Shodan, a saber, as técnicas *kokutsu dachi* e *shuto uke*.

Após o último *chudan oi zuki* (com *kiai*), você gira 270 graus no sentido anti-horário com pivô sobre o pé direito. Você termina em um *kokutsu dachi* esquerdo com um *shuto uke*. O ângulo desta rotação é o ponto principal. No *kata* de Okinawa, você roda apenas 225 graus.

O próximo passo no *kata* do Shotokan trata se de um passo para frente com o pé direito e um *kokutsu dachi* direito no ponto das 10:30 com um *shuto uke*. Contudo, no *kata* de Okinawa, trata-se simplesmente de um passo diretamente para frente.

Como nós sabemos, o penúltimo passo no *kata* do Shotokan é uma rotação de 135 graus no sentido horário. Esta é uma rotação de 90 graus no sentido horário no *kata* de Okinawa. O último passo no *kata* do Shotokan trata se de um passo para frente com o pé esquerdo e um *kokutsu dachi* esquerdo no ponto da 1:30, enquanto é outro movimento diretamente para frente no *kata* de Okinawa.

Pinan Nidan Kata

NOTE: This shows the basic pattern and is NOT drawn to scale.
The drawing is only to give an idea of the general directions in which the body moves.
The dot represents the starting point as you face the top of the drawing.

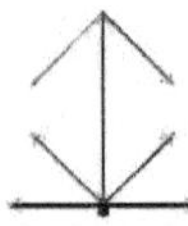

É óbvio que os passos originais encontrados no *kata* de Okinawa resultarão em uma posição final diferente. Com o *kata* de Okinawa, você pode facilmente adivinhar que vai terminar um ou dois passos à frente do ponto inicial. Dê uma olhada neste vídeo do Pin'an Nidan do Shorin Ryu de Okinawa: http://www.youtube.com/watch?v=KbRjp5Ahc04.

Todos os praticantes sérios do Shotokan deveriam ver como Heian, o *kata* fundamental e central do Shotokan, era executado na sua forma original. Nós vemos claras diferenças nas posturas, porém existe mais distinção na maneira como eles usam os seus quadris. Isso é chamado *muchimi* (餅身), que significa literalmente 'corpo de chicote'. Como esse não é o assunto deste capítulo, eu não vou me aprofundar nesse aspecto único do karatê de Okinawa, o qual foi perdido no karatê Shotokan dos tempos modernos.

Não existe registro de quem fez as mudanças nesses últimos quatro passos ou de quando foram feitas. As mesmas mudanças também foram feitas nos quatro últimos passos de Heian Nidan (isto é, a sequência de *zenkutsu dachi gedan barai* e *jodan age uke*). Heian Sandan, Yondan e Godan não possuem o mesmo problema por causa dos seus padrões de movimento originais.

Isso é de fato um mistério. Mas há outro mistério com o Heian Shodan. Como você pode saber, o Heian Shodan original era chamado *Heian Nidan* e vice-versa. Portanto, alguém inverteu estes dois *kata*. Não é bem conhecido ou documentado quem trocou Shodan e Nidan. Mas, obviamente, o Heian Shodan original (o nosso Nidan) era muito difícil para iniciantes. Eu pretendo revelar a minha teoria ao final deste capítulo. Independentemente de quem mudou esses quatro passos e a ordem de Shodan e Nidan, eu posso certamente dizer que a pessoa fez isso com a intenção clara de corrigir alguma coisa.

Vamos conferir como Heian Shodan é feito pelos praticantes da Shotokai. Aqui está o URL: https://www.youtube.com/watch?v=RHz0hPUxeS0.

Esse vídeo foi gravado em um período no início dos anos 70. Como você pode ver no vídeo, o padrão dos passos do Heian Shodan é idêntico ao da JKA. O fundador da Shotokai, Shigeru Egami, começou a treinar karatê com Funakoshi em 1933 na Universidade Waseda. A Shotokai é conhecida por aderir estritamente aos ensinamentos de Funakoshi, e Egami não teria sonhado em mudar os *kata* de Funakoshi. Assim, eu assumo que o Heian Shodan tem sido praticado com aquele mesmo padrão de passos desde, pelo menos, o início da década de 30.

Antes do século XX, a arte do karatê era ensinada somente de um para um em Okinawa. Em outras palavras, um *sensei* possuía apenas um ou dois alunos durante qualquer período. Um bom exemplo disso é o caso de Funakoshi, onde ele era o único aluno de Anko Azato (安里安恒, 1827–1906). Quando você considera o ambiente de treinamento de um para um, fica evidente que um aluno seria corrigido imediatamente se ele errasse qualquer passo. Eu tenho certeza de que o instrutor prestaria mais atenção ao ritmo, tempo, velocidade, força e movimentação holística do corpo do estudante do que ao retorno ou não do estudante ao ponto inicial. O ponto onde um aluno terminava o *kata* teria uma prioridade muito baixa em um ambiente de um instrutor para um aluno.

Em Okinawa, o treinamento de grandes turmas só começou a ocorrer na virada do século XIX para o XX, depois que o karatê tornou-se uma das disciplinas de educação física dos estudantes do ginasial (1901). Itosu estava por trás da introdução do karatê nas escolas públicas em Okinawa, e ele deve ter criado a série de *kata* Heian no final do século XIX para esses fins educacionais. O *kata* Heian foi adotado para ensinar grandes turmas de educação física em 1904.

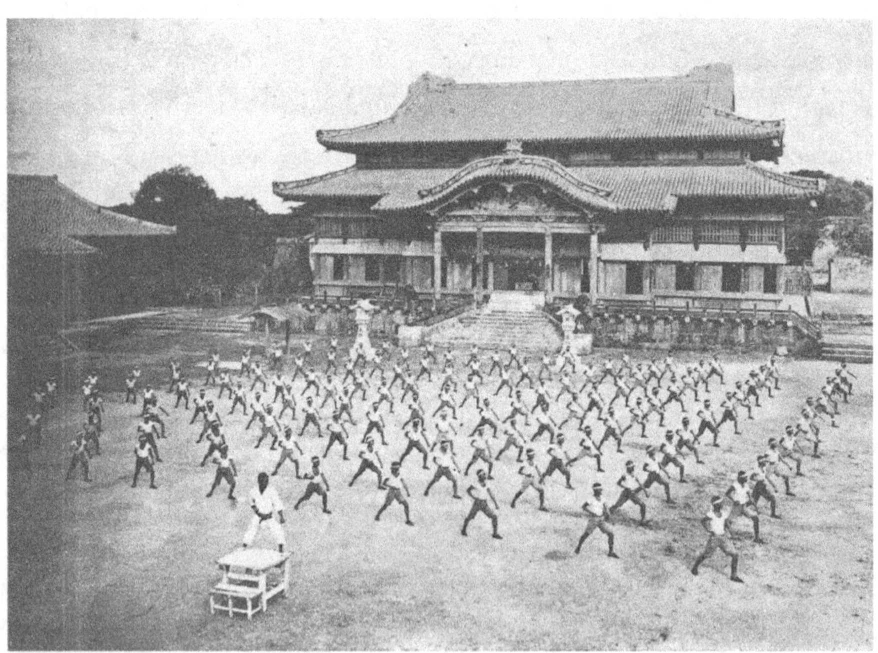

Alguns alunos de educação física do ginasial em Okinawa participam do treinamento do kata Heian nesta fotografia histórica, tirada em frente ao Castelo de Shuri no início dos anos 1900.

Também é válido aprofundar os estudos através da análise de como os praticantes do Shito Ryu realizam o *kata* Pin'an (Heian). Aqui está um vídeo do Pin'an Nidan (o nosso Heian Shodan): https://www.youtube.com/watch?v=vE0lAyVMkDI.

O Shito Ryu é um estilo-irmão para o Shotokan (compartilhando a linhagem de Itosu em suas raízes). O fundador desse estilo foi Kenwa Mabuni (摩文仁賢和, 1889–1952), que aprendeu o Shuri Te com Itosu e o Naha Te com Kanryo Higaonna (東恩納寛量, 1853–1915). Higaonna era o *sensei* de Chojun Miyagi, o fundador do Goju Ryu. Depois de mudar-se para a região continental do Japão em 1929, Mabuni inaugurou o Shito Ryu em Osaka em 1934.

O Shotokan e o Shito Ryu compartilham muitos *kata* com os mesmos nomes. Contudo, os movimentos são realizados de uma maneira bastante distinta. Trata-se de um exercício interessante comparar as diferenças de execução técnica entre os dois estilos, particularmente sobre as posturas, os movimentos dos braços e os chutes.

O que é interessante com o Pin'an Nidan do Shito Ryu (o nosso Heian Shodan) é que não foram mudadas as direções dos últimos quatro movimentos, mas foram mantidas da forma original. Em vez disso, foram mudadas as direções dos quatro movimentos após o primeiro *kiai* (isto é, a sequência de quatro *kokutsu dachi shuto uke*). Ao fazer isso, o executor do *kata* irá terminar à distância de um passo mais próximo do ponto inicial, o que, como resultado, compensa a distância do passo na direção oposta resultante dos quatro últimos movimentos.

Eles essencialmente fizeram a mesma coisa que foi feita no Shotokan moderno, isto é, mudaram este *kata* básico em relação ao método original de Okinawa, para que o praticante retorne ao ponto inicial. Eu assumo que Mabuni introduziu essa mudança depois de ter-se mudado para o Japão. O meu palpite é que Funakoshi, tendo mudado para o Japão vários anos antes de Mabuni, contou-lhe sobre a sua ideia, cuja utilização facilitava bastante o ensino aos alunos japoneses. Além disso, fixar o ponto de início também funcionava bem assim que eles começaram as competições de *kata*.

Você encontrará outro fator interessante quando você olhar para os *kata* do *wushu* ou kung fu. Apesar de eu não ser um especialista nos estudos de estilos chineses, considerando as muitas dúzias deles que eu vi, alguns destes *kata* não terminam no mesmo ponto em que começam. Em alguns casos, o praticante termina muito longe do ponto inicial e algumas vezes até mesmo olhando para direções diferentes. Considerando que os *karateka* antigos de Okinawa aprenderam os *kata* com instrutores de kung fu, este conceito que nós estamos discutindo não poderia ter vindo de influências do kung fu.

Depois de avaliar todos os fatores mencionados acima, eu concluo que os criadores antigos dos *kata* de Okinawa não teriam considerado fundamental ou necessário que o praticante retornasse exatamente ao ponto inicial do *kata*.

Assim, quem foi a pessoa responsável por essa mudança fundamental dos movimentos originais dos *kata* Heian para as formas atuais? Poderia ter sido Itosu, já que ele foi o criador dos Heian para a educação pública? Nós podemos deduzir que Itosu não trocou a ordem de Shodan e Nidan. E posso dizer isso porque o Shito Ryu manteve a ordem original de Shodan e Nidan. Se Itosu tivesse trocado os nomes, então o seu discípulo Mabuni, o fundador do Shito Ryu, teria feito o mesmo exatamente como o Shotokan havia feito.

Agora, e quanto aos últimos quatro passos de Heian Shodan e Nidan? Será que Itosu mudou esses passos para torná-los mais adaptados ao ensino para grandes grupos? Se Itosu fosse a pessoa que mudou esses passos, então o Shorin Ryu de Okinawa teria os mesmos passos. Mas não tem. E é muito pouco convincente pensar que Itosu teria dito apenas a Funakoshi para que fizesse essas mudanças.

A esta altura, eu imagino que o leitor já adivinhou quem, então, foi o responsável. Com todos os fatores apontando para ele, e o fato de que ele era um educador nato (um professor ginasial de carreira, até o momento em que se mudou para Tóquio), Funakoshi tinha que ser a pessoa que pensou em e realizou essas mudanças, acreditando que isso ajudaria os estudantes japoneses, particularmente quando estivessem treinando sozinhos. Eu acredito que isso foi feito originalmente apenas com propósitos educacionais (metodologia de ensino). Obviamente, Shodan é um *kata* muito mais simples que Nidan, que possui muitas técnicas avançadas, incluindo um chute.

Então por que Itosu escolheu o Heian Nidan como primeiro *kata*? Isso também é um pequeno mistério, mas vou dizer-lhe o que eu penso. Se você examinar o Heian Nidan com muita atenção, perceberá a sua grande semelhança com o Kanku Dai. Itosu deve ter pensado que a versão simplificada do Kanku Dai deveria ser o primeiro *kata* para a educação pública. Essa ideia é compreensível na perspectiva de um artista marcial, mas Funakoshi, como um ex-professor ginasial, acreditava que era muito mais fácil para estudantes secundários e universitários aprenderem Heian Shodan como primeiro *kata*. Assim, ele inverteu a ordem desses dois *kata*.

A propósito, eu me deparei recentemente com um livro que apoiaria a minha hipótese. O livro chama-se *Karate: Pin'an Katas in Depth* (Empire Books, 2006) e foi escrito por Keiji Tomiyama, que reside no Reino Unido. Na sua introdução (páginas 1–4), Tomiyama afirma: "Por causa desse fato, a prática comum é ensinar aos iniciantes primeiro Nidan antes de Shodan. O Mestre Gichin Funakoshi, fundador do estilo Shotokan de karatê, na verdade trocou as posições desses *kata* e os renomeou". Tomiyama é do estilo Shito Ryu, então eu não sei como ele veio a conhecer as ações históricas de Funakoshi, mas eu fiquei feliz em encontrar essa declaração.

E quanto aos últimos quatro passos de Shodan e Nidan? Como eu descrevi anteriormente, essas mudanças foram realizadas para que os iniciantes pudessem verificar a si próprios se haviam realizado os passos corretamente. Se um estudante não errasse nenhum dos passos, e todos os passos fossem executados com um comprimento uniforme e nas direções corretas, retornaria ao mesmo ponto onde havia começado.

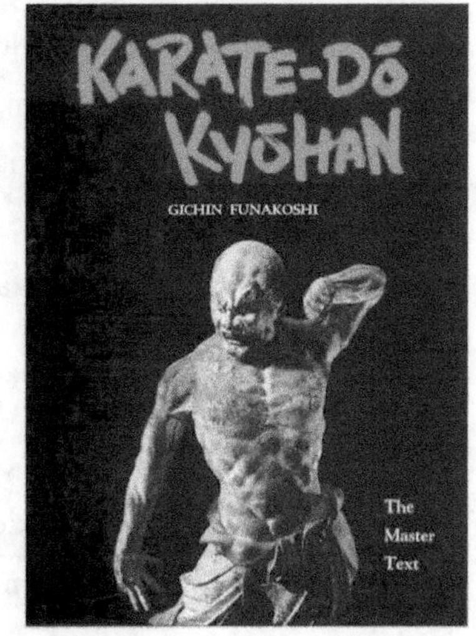

Assim, quem mais poderia ter surgido com uma ideia tão inteligente? Ninguém mais exceto Funakoshi. Aqui está um parágrafo muito interessante e revelador de *Karate Do Kyohan* (da seção "Linha de Movimento" na página 41). O parágrafo é um pouco longo, mas eu gostaria de citá-lo aqui:

> "Tudo que vai deve retornar": no karatê, os pontos onde alguém começa e completa o *kata* devem coincidir, e a falha em cumprir essa regra indica ou que um passo incorreto foi dado ou que a variação nos comprimentos das passadas causou um afastamento em relação às posições corretas. Já que o karatê depende de maneira muito real da estabilidade dos quadris e não apenas do uso dos braços, o comprimento das passadas e as posições dos pés devem ser praticados com um rigor particular. Tudo o que vai retornará: é para facilitar a assimilação desta regra que em cada figura referente ao *kata* a posição dos passos correspondentes é indicada relativa à linha de movimento, e o estudante deve seguir rigorosamente esses diagramas quando estiver praticando.

Eu não sei se ele antecipou ou mesmo sonhou que este conceito de começar e terminar no mesmo ponto iria tornar-se um mantra que assombraria não apenas o Shotokan, mas todos os estilos tradicionais de karatê depois da sua morte.

É interessante que o primeiro campeonato nacional da JKA foi realizado em 1957, o ano em que Funakoshi faleceu. Esse requisito foi rigorosamente exigido depois que as competições se tornaram populares nos anos 60 e 70. Por isso você pode deduzir um ponto se um competidor realizar quatro pulos no Chinte.

Se você está fortemente motivado a vencer em um torneio, então não há nada de errado em focar no retorno ao ponto inicial. Contudo, se você é um artista marcial—e eu espero que muitos dos leitores sejam—o seu desejo deve ser realizar os *kata* da forma como eles foram originalmente criados: para praticar as técnicas de luta. Então você concordará que nós precisamos prestar mais atenção aos aspectos verdadeiramente importantes do *kata*, tais como posturas estáveis, trocas de posição suaves, equilíbrio, visualização mental dos oponentes, aplicações eficazes das técnicas, força, ritmo, tempo e assim por diante.

Tanto a finalização quanto a retomada ao final do *kata* são extremamente importantes. Você desferiu o golpe final e sobreviveu à batalha. Nesse momento, você quer manter esse sentimento de *zanshin*, onde você deve ter uma mente limpa e alerta, além da respiração normal e controlada até que você realize o *rei* (礼, 'saudação') final. Enquanto você está atravessando esse processo naquele momento crítico da luta, qual é a importância de pensar em ou preocupar-se com o ponto onde você dá o seu último passo? Não seria essa possivelmente a última coisa a se passar na sua mente?

Se você estiver interessado em ver mais sobre o karatê Shorin Ryu, aqui está um vídeo (tudo em japonês): https://www.youtube.com/watch?v=rEFzmIq2Eoc. Esse vídeo possui muitas seções explicando diferentes técnicas.

Se você estiver interessado em ver outros tópicos do karatê de Okinawa, aqui está um vídeo em inglês: https://www.youtube.com/watch?v=F15m9R2Zi2o.

Capítulo Nove
第九章

Misterioso Kata Tekki Shodan Parte I
鉄騎初段の不思議　パート1

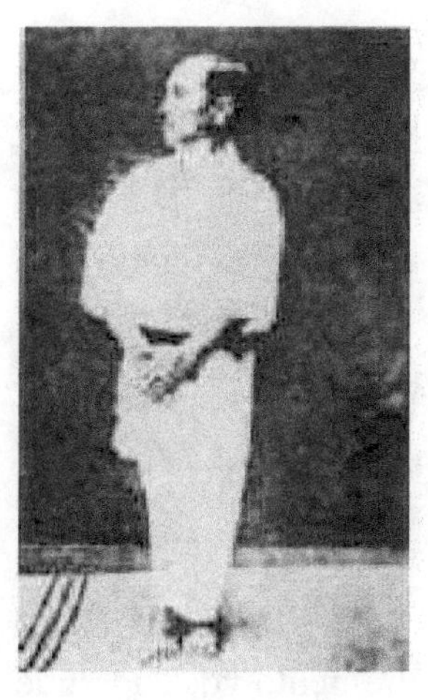
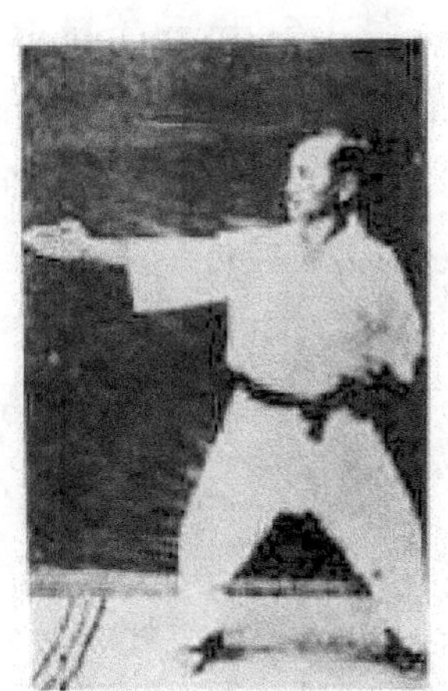
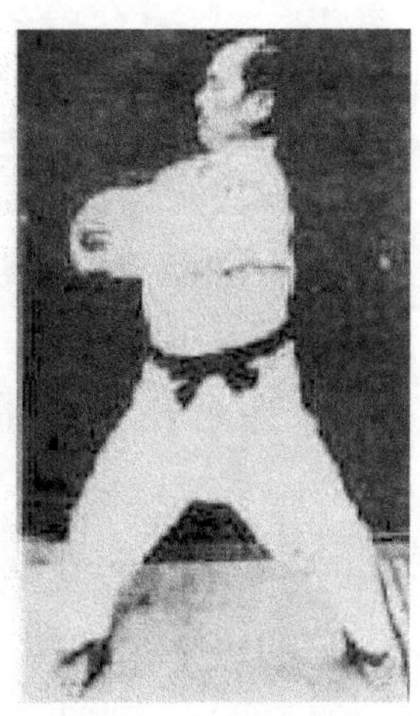

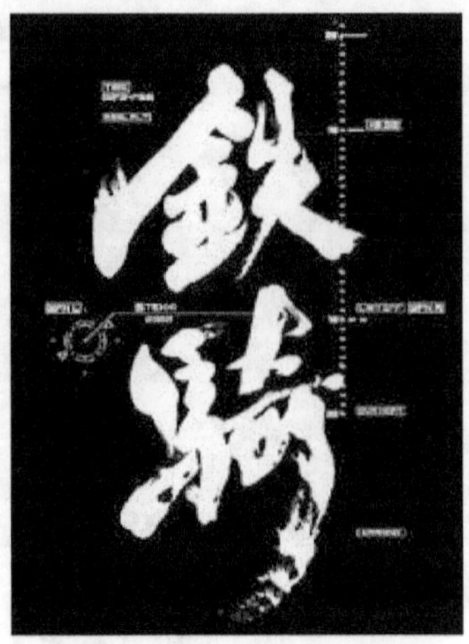

Quando você pensa no Tekki, provavelmente pensa em duas características singulares: o *kiba dachi* e a movimentação exclusivamente lateral. Muitos leitores podem ter se perguntado sobre as razões de tais singularidades neste *kata*. Você também pode considerar difícil imaginar como tornar as técnicas deste *kata* em aplicações. Além disso, você se move como um caranguejo e pode achar este *kata* entediante.

Deixe-me contar-lhe que eu tenho praticado karatê Shotokan por mais de 50 anos, e eu concluí que o Tekki é um *kata* extremamente valioso e útil entre os que eu aprendi até este momento, incluindo os 26 *kata* da JKA e os 26 *kata* adicionais de Asai. É verdade que este é o único *kata* da JKA com um *enbusen* (演武線) que é lateral, porém há mais dois *kata* fora da JKA que têm um *enbusen* lateral. Eles são chamados de *Kibaken* e *Tekki Mugen*, e foram criados por Asai Sensei.

De volta ao Tekki, o *enbusen* definitivamente não é a única singularidade deste *kata*; existem muitas mais. À medida que você ler este capítulo, eu espero que você descubra a sabedoria escondida e a genialidade sem paralelo do criador que projetou este *kata*. Eu tenho enorme respeito para o criador e fico maravilhado pela sua genialidade.

Quando você inicia suas aulas de karatê, o seu primeiro *kata* é Heian Shodan. Alguns *dojo* podem ensinar o *kata* Taikyoku (太極) antes do Heian, mas Taikyoku é uma versão simplificado de Heian, então eu os considero dentro do mesmo grupo. Quando você passa no seu exame de 5° *kyu* com Heian Godan, você é promovido para o 4° *kyu*, um passo antes da faixa marrom. Nesse momento você aprende Tekki Shodan, um *kata* muito diferente de todos os *kata* Heian. Muitos estudantes de 4° *kyu* ficam perplexos e perguntam ao instrutor sobre o que é este *kata*. Eu temo que não muitos instrutores possuem o conhecimento necessário para dar aos alunos a explicação inteira e abrangente que eu acredito que os estudantes merecem receber.

De qualquer modo, depois que você passa pelo exame de 3° *kyu* e se torna um faixa marrom, eu suspeito que você basicamente se esquece do Tekki. Eu estou correto? Você fica com a impressão de que precisa mudar para um *kata* "de verdade", Bassai Dai, que é mais difícil e deve ser mais importante. Eu posso ouvir você dizendo: "Eu passei três meses praticando Tekki quando eu era do 4° *kyu*. Agora eu sou um *shodan*"—ou *nidan* ou seja qual graduação você possuir—"e o meu professor não espera que eu pratique mais o Tekki. Além disso, eu nunca vejo ninguém fazendo este *kata* em nenhuma das competições".

O que você está afirmando é verdade, mas eu não estou dizendo que a tendência atual é boa ou benéfica. Eu estou apenas dizendo que é a tendência comum, e que muitos estudantes ficam com a impressão de que o *kata* Tekki não é importante. Realmente, eu apenas pratiquei o Tekki Shodan por três meses para passar no meu exame de 3° *kyu*, mas pratiquei o Bassai Dai por mais de um ano antes do meu exame para *shodan*.

Depois de estudar a história do karatê de Okinawa, eu descobri que os alunos praticavam o Tekki por mais de três anos, já que eles não possuíam o *kata* Heian antes da invenção deste por Itosu, no final do século XIX, um pouco mais de cem anos atrás. Ao introduzir o *kata* Heian, o tempo de treino do Tekki Shodan foi significativamente encurtado. Além disso, quando Funakoshi introduziu o karatê no Japão, a importância deste *kata* e o ensinamento dele não foram tão enfatizados quanto se fazia em Okinawa. Então, nós nos perguntamos o porquê. Eu tentarei apresentar algumas ideias posteriormente neste capítulo sobre por que o *kata* Tekki perdeu a sua legítima posição de importância no Shotokan.

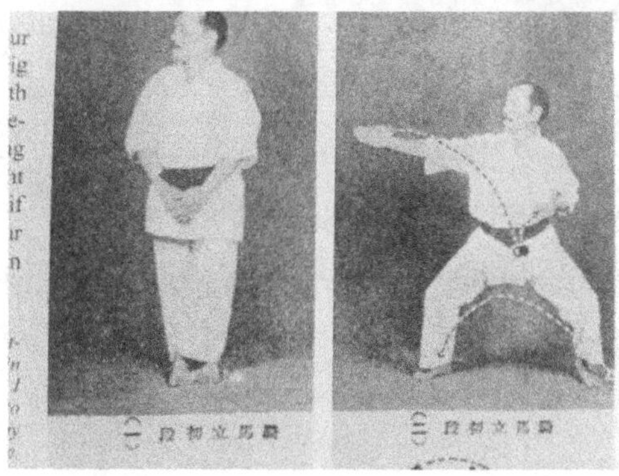

Este *kata* era originalmente chamado *Naihanchi* (ナイハンチ ou 内歩進). (Observe que existem muitos outros nomes em Okinawa que soam similares, tais como *Naihanching*, *Naifanchi*, etc.) Funakoshi mudou os nomes dos *kata* de Okinawa para nomes que soassem mais japoneses, e ele escolheu *Tekki* para este *kata*. *Tekki* (鉄騎) significa 'posição de cavalo de ferro', e a razão pela qual ele escolheu esse nome é óbvia, já que ele queria que os praticantes treinassem suas pernas para desenvolver uma postura sólida e estável.

Quanto ao nome original deste *kata* (*Naihanchi*), o significado muda dependendo dos caracteres chineses que você utilizar na escrita. A origem deste *kata* é pouco esclarecida; assim, mesmo o nome usado em Okinawa muito provavelmente não é o nome verdadeiro da versão original. Uma coisa, de qualquer modo, está clara: *nai* (内) significa 'interno' ou 'de dentro'. A *Wikipédia* explica que "a forma faz uso de técnicas de luta de curta distância". O *kata* Tekki realmente emprega muitas técnicas de luta de curta distância, então *nai* deve indicar estas técnicas.

Além disso, eu acredito que existam mais interpretações para *nai*. Na verdade, existem pelo menos mais dois pontos. Um é o método de movimento das pernas, usando os músculos internos das coxas. É lamentável que o *kiba dachi* dos tempos modernos tenha perdido a sua tensão interna, uma vez que agora ela é descrita como uma postura voltada para fora. A mesma mudança pode ser observada com o *kata* Hangetsu, o que explicarei no Capítulo 11: "Hangetsu". Já no primeiro movimento de *heisoku dachi* para *kosa dachi* temos um bom exemplo de movimentação de troca de pernas usando os músculos internos das coxas.

O outro significado de *nai* é uma referência à tensão e relaxamento dos músculos da parte superior do corpo. Os detalhes disso serão descritos na última parte deste capítulo, então deixe-me fazer apenas um resumo aqui. Com a postura muito fixa de *kiba dachi*, você precisa desferir as técnicas para a esquerda e para a direita. Não é um grande desafio tentar desferir uma técnica para a esquerda utilizando o braço esquerdo, ou para a direita com o braço direito. O que torna tudo mais difícil, o que eu suspeito que você descobriu enquanto praticava, é desferir uma técnica completa para o lado esquerdo com o braço direito, o que requer uma rotação de pelo menos 90 graus da parte superior do corpo (veja a foto de Funakoshi na próxima página).

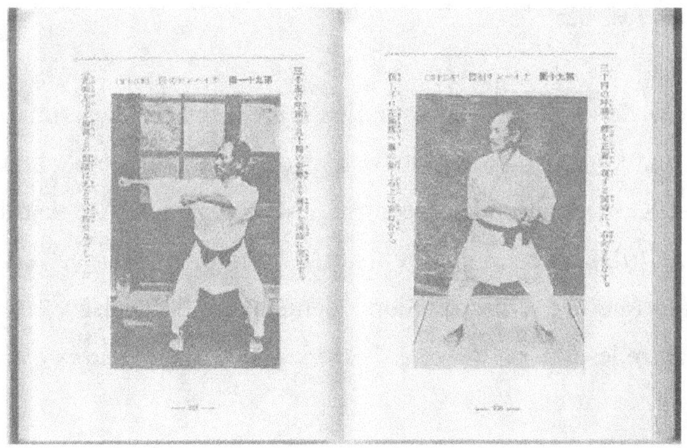

A linha entre os ombros formará um ângulo reto em relação à linha entre os pés. Manter um *kiba dachi* perfeito durante a rotação é bastante difícil, assim a maioria das pessoas termina executando um *kiba dachi* imperfeito, com um joelho (normalmente o do lado de trás) curvado para dentro. A perfeição dos movimentos requer muito treinamento para flexibilidade da região abdominal e controle dos músculos e órgãos internos.

A *Wikipédia* (outubro de 2015) destaca vários pontos interessantes que eu considero excelentes e bem colocados, embora eu não queira sugerir que o contexto do que está escrito aqui esteja completo ou correto. O parágrafo do artigo sobre Naihanchi é um pouco longo, mas que eu gostaria de citar aqui:

> Sugeriu-se que o *kata* foi originalmente desenvolvido para lutar contra uma parede, parapeito ou espaço estreito e confinado, o que é improvável; contudo, ele poderia ser usado para esse propósito. Embora o *kata* seja linear, movendo-se de lado a lado, as técnicas podem ser aplicadas contra atacantes em qualquer ângulo. Os movimentos de lado a lado em uma postura baixa desenvolvem o equilíbrio e a força necessários para movimentar os pés e trocar de posição rapidamente. Os *kata* apresentam estratégias intrincadas de ataques e movimentos defensivos, feitos em *kiba dachi*, com o propósito de condicionar as pernas para desenvolver força explosiva. Se um praticante girar o seu tronco alguns graus para um lado ou para o outro enquanto estiver executando Naihanchi/Tekki, o resultado é o *hachimonji*, ou postura de número oito. Alguns pesquisadores acreditam que essa forma é um exercício não-balístico de luta de agarra-

mento entre duas pessoas.

Eu gostaria de avaliar os comentários e a explicação descritos no parágrafo acima, que é um bom ponto de partida, mas eu constatei que algumas afirmações estão incorretas e algumas ideias centrais estão ausentes. Ao examinar a minha apresentação e trilhar o caminho da história comigo, eu peço ao leitor que seja o juiz e decida o que faz sentido. Independentemente da decisão, eu espero que o leitor goste da redescoberta do *kata* Tekki e passe a apreciar este *kata* como ele merece.

Eu acredito que o Tekki Shodan foi colocado muito estrategicamente entre os *kata* Heian e os "verdadeiros" *kata* Bassai Dai e Kanku Dai. Deixe-me listar e resumir os pontos interessantes e singulares (e possivelmente misteriosos) presentes no *kata* Tekki. Ao estudar estes pontos, você descobrirá por que este *kata* era praticado no estágio inicial do treinamento do karatê e posicionado antes de Bassai Dai e Kanku.

1. *Kiba dachi* é a única postura utilizada neste *kata*.

É verdade que este *kata* emprega apenas *kiba dachi* (anteriormente conhecida como *naihanchi dachi*), exceto pelo *kosa dachi* (交差立ち 'postura de pernas cruzadas') utilizado quando o praticante se desloca para o lado esquerdo ou direito. Assim, muitas pessoas acreditam que este é um *kata* de treinamento para praticar *kiba dachi* e para fortalecer as pernas. Mas observe a *naihanchi dachi* de Funakoshi mostrado na página anterior. Ele parece estar realizando a postura baixa que nós fomos ensinados a praticar em tempos recentes?

A sua postura não é o *kiba dachi* com o qual nós estamos familiarizados. Definitivamente, trata-se de um *naihanchi dachi*, que parece como uma postura natural com um pouco mais de espaço entre os pés. Você também notará que os seus joelhos não estão profundamente flexionados. Não é porque ele estivesse muito velho—acredito que ele ainda estava novo, talvez no final dos seus 50 anos—ou por preguiça. Havia uma razão intencional para que *naihanchi dachi* (mais tarde, *kiba dachi*) fosse usada neste *kata*. Eu explicarei mais a fundo na parte final deste capítulo, já que esse é um dos pontos fundamentais do treino deste *kata*.

2. O *enbusen* é lateral.

Todos os três *kata* Naihanchi (Shodan, Nidan e Sandan) deslocam-se apenas para os lados, e não se utilizam passos para frente ou para trás. A maioria das técnicas parece ser desferida para os lados, embora algumas delas sejam desferidas para frente. Assim, a maioria das pessoas assume que as verdadeiras aplicações também são desferidas para os lados, utilizando o *kiba dachi*, e é dessa forma que o *bunkai* é ensinado por muitos instrutores. Eu não concordo com essa ideia, pois acredito que a maioria das aplicações deve ser desferida para frente. Eu vou demonstrar algumas das aplicações mais adiante neste capítulo na seção "*Bunkai*".

3. O primeiro movimento de cada *kata* vai para o lado direito.

Em contraste com os cinco *kata* Heian, que começam sempre para o lado esquerdo, os três *kata* Tekki começam sempre para o lado direito. É um fato conhecido que Itosu criou os *kata* Heian no final do século XIX. Antes que os *kata* Heian fossem inventados, os *kata* Tekki eram os primeiros *kata* ensinados aos praticantes do Shorin Ryu (o ancestral do Shotokan) por muitos anos. Itosu criou os *kata* Heian porque o karatê seria adotado pelas instituições educacionais de Okinawa na virada para o século XX.

O Ministério da Educação decidiu incluir o karatê como parte da disciplina de educação física nas escolas de educação primária e secundária. Aparentemente, Itosu considerou que os *kata* Tekki eram muito difíceis e sofisticados para essa tarefa, e assim ele inventou os *kata* Heian, que empregavam movimentos muito mais simples. Ele decidiu iniciar estes *kata* para o lado esquerdo para equilibrar com os kata *Tekki*, que iniciam para o lado direito.

4. O chute *nami gaeshi* é utilizado.

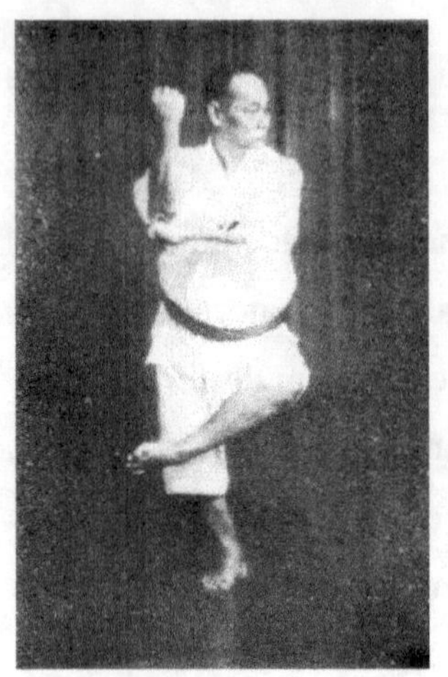

Este é um chute interessante e originalmente eu fui ensinado (erroneamente) que a aplicação consistia em um bloqueio contra um *gedan mae geri* utilizando o rápido movimento do pé. Por muitos anos eu fiz um grande esforço para utilizar esta aplicação. Eu não conseguia realizá-la eficientemente e nunca vi ninguém que conseguisse. Eu sempre culpava o meu mau nível técnico ou a minha inaptidão para executar esta técnica.

Então, eu aprendi outras ideias de aplicação que faziam muito mais sentido. Uma delas era *hiza kansetsu geri* (膝関節蹴り, 'chute contra a articulação do joelho'). Esta aplicação é mostrada no livro *Hidden Karate*. Outra ideia era uma rasteira com o pé. A terceira opção era um *hiza uchi uke* (膝内受け, 'bloqueio com a parte interna do joelho') contra um *mae geri*. Para *hiza uchi uke*, você deve utilizar o joelho inteiro e a região do tornozelo para bloquear o chute frontal. Esta aplicação é belamente demonstrada por Asai no *bunkai* do *kata* Suishu, e o videoclipe pode ser facilmente encontrado no *YouTube* com o termo de busca "Suishu".

Bunkai

Na *Wikipédia*, os autores fizeram um grande esforço para descrever do que se trata este *kata* no sentido histórico, mas para o *bunkai*, não encontramos nenhuma ideia ou explicação específica. Aqui eu gostaria de compartilhar o *bunkai* que eu aprendi. Mas, antes de tudo, eu quero deixar muito claro que eu não pretendo sugerir que o *bunkai* que eu mostro aqui seja a única aplicação correta e que todas as outras ideias estejam erradas. Ao contrário, o meu entendimento é de que todos os *kata* contêm técnicas básicas que podem ser interpretadas de várias maneiras diferentes.

Assim, o praticante não deve ficar preso a algum conceito ou ideia fixos quando se trata de *bunkai*. Contudo, existem aplicações apropriadas e realistas, e eu tenho visto algumas que não são realistas ou úteis de jeito nenhum. Fica a critério do praticante examinar e avaliar o *bunkai* para que possa determinar se essas aplicações fazem sentido.

Eu temo que não serei capaz de compartilhar todos os *bunkai* para o Tekki Shodan devido à limitação no espaço disponível. Eu mostrarei três *bunkai* deste *kata* para ilustrar como as aplicações são feitas para a frente e não necessariamente para os lados. Nas seguintes páginas, eu mostro as fotografias dos movimentos do *kata* Tekki Shodan junto com suas aplicações.

1. Os primeiros quatro movimentos de Tekki Shodan são os seguintes: *heisoku dachi* com *shuto kamae* (Foto 1), *kosa dachi* (Foto 2), *fumikomi* com pé direito (Foto 3), *haishu uchi* com mão direita (Foto 4).

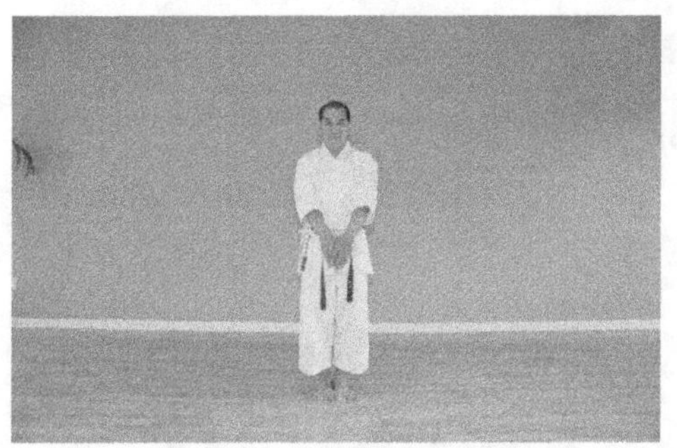

1

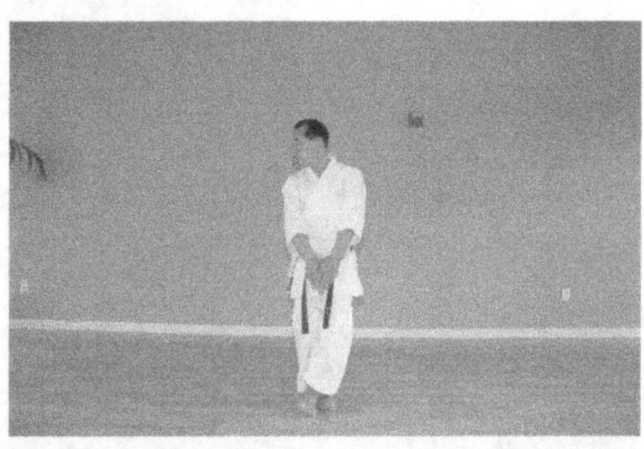

2

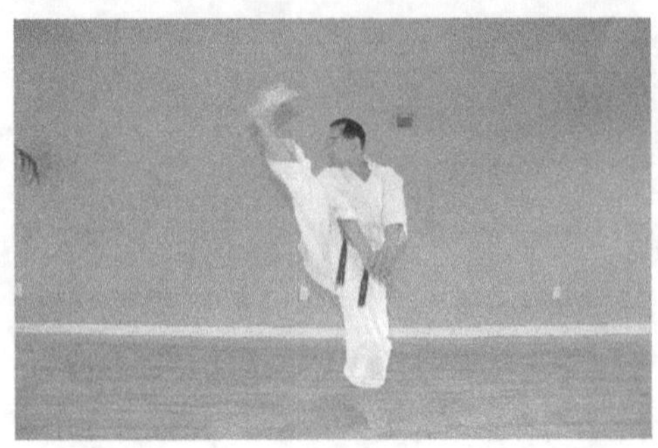

3

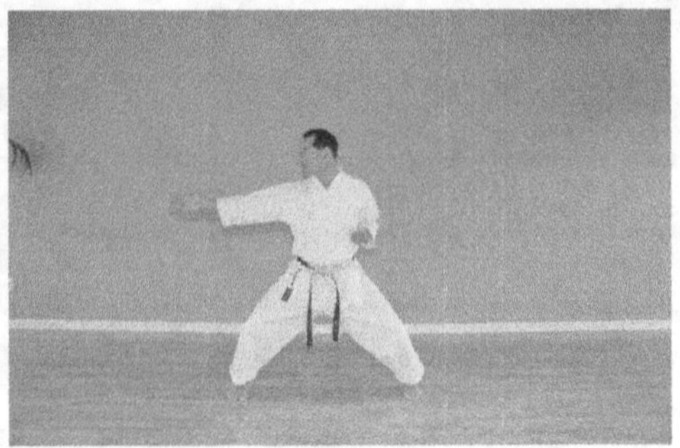

4

Aqui está o *bunkai* para estes movimentos:

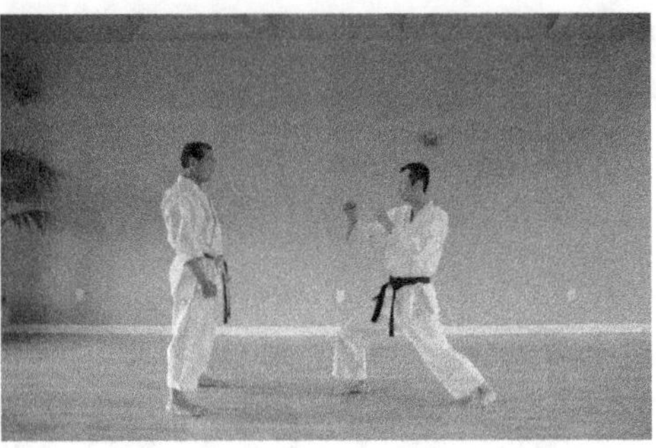

Yoi

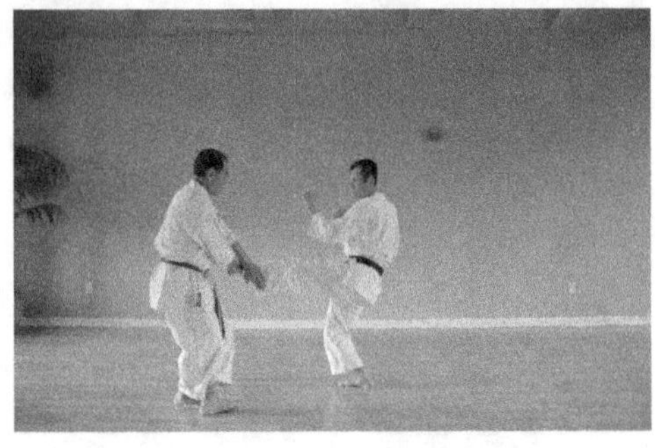

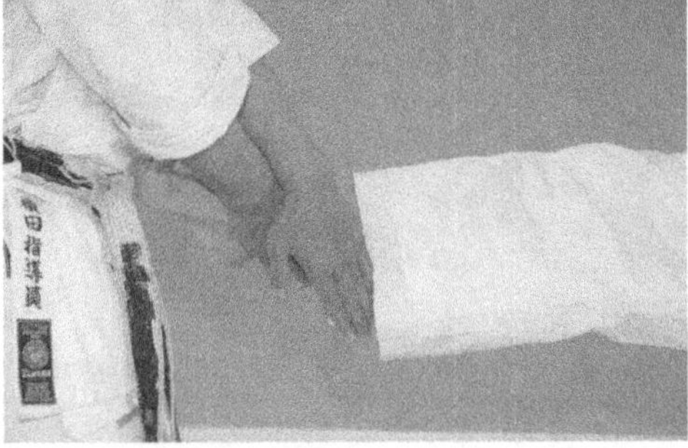

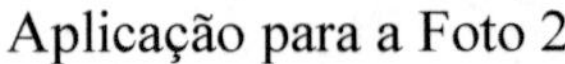

Aplicação para a Foto 2

Visão de perto da aplicação para a Foto 2

Executa um *morote awase kaishu uke* de *kosa dachi* contra o *mae geri* do oponente (também encontrado em Bassai Sho).

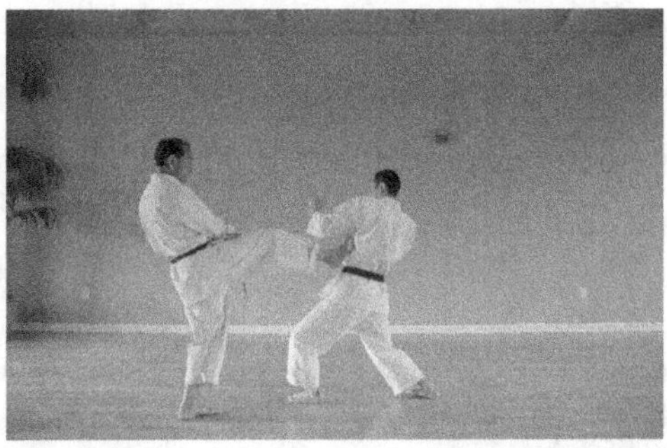

Aplicação para a Foto 3

O mae geri direito é um chute de contra-ataque.

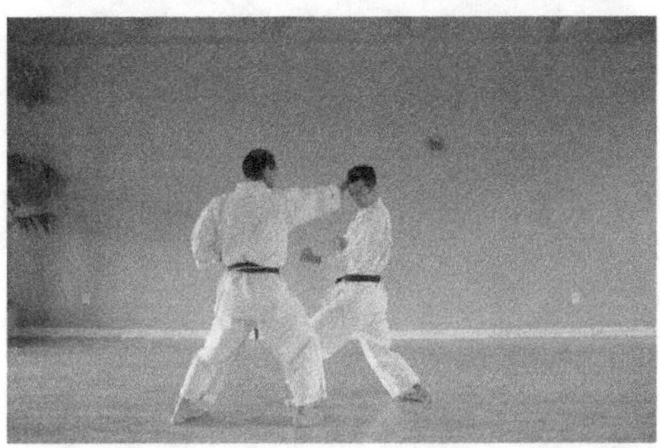

Aplicação para a Foto 4

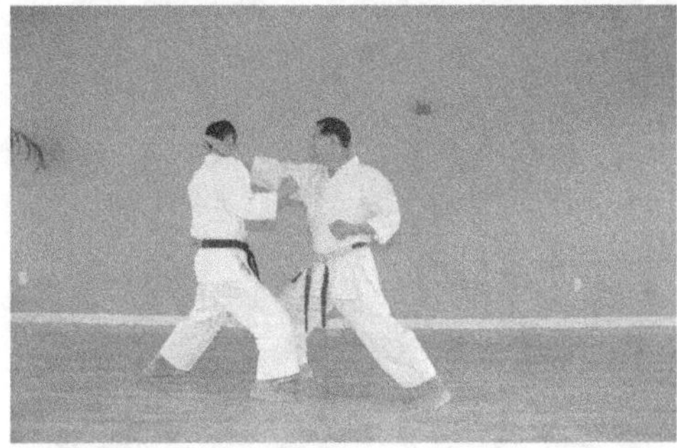

Aplicação para a Foto 4 vista pelo outro lado

Executa um *jodan haishu uchi* direito contra a têmpora ou um *shuto uchi* contra o pescoço. A postura pode ser tanto *zenkutsu dachi* quanto *kiba dachi*.

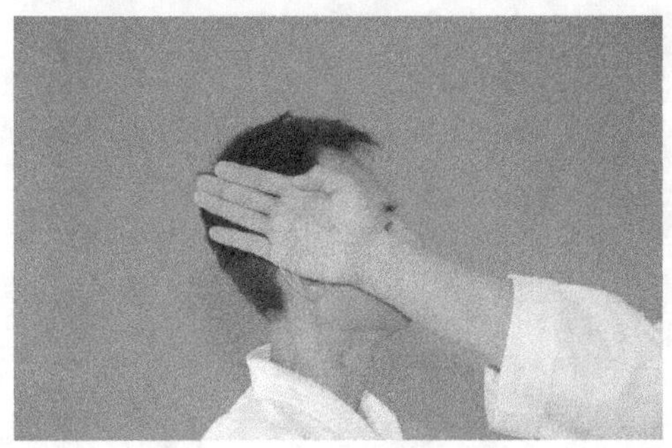

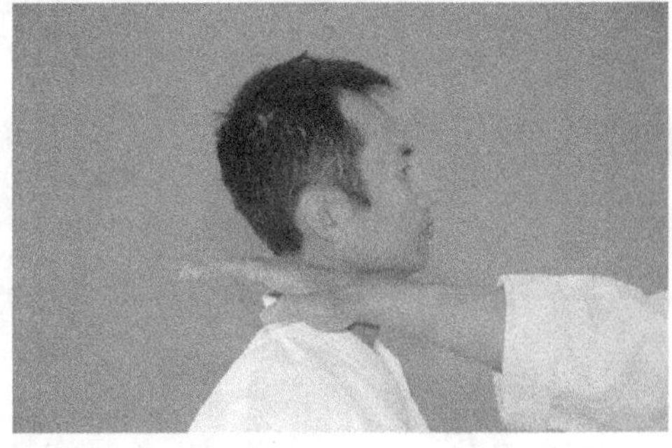

Fotos de possíveis aplicações vistas de perto

2. Os quatro próximos movimentos de Tekki Shodan são os seguintes: *enpi uchi* esquerdo contra a palma da mão direita (Foto 5), *kamae* com ambas as mãos no quadril direito (Foto 6), *gedan barai* esquerdo (Foto 7), *gyaku zuki* direito (Foto 8). Esta é uma serie de aplicações para quando você está muito próximo do oponente.

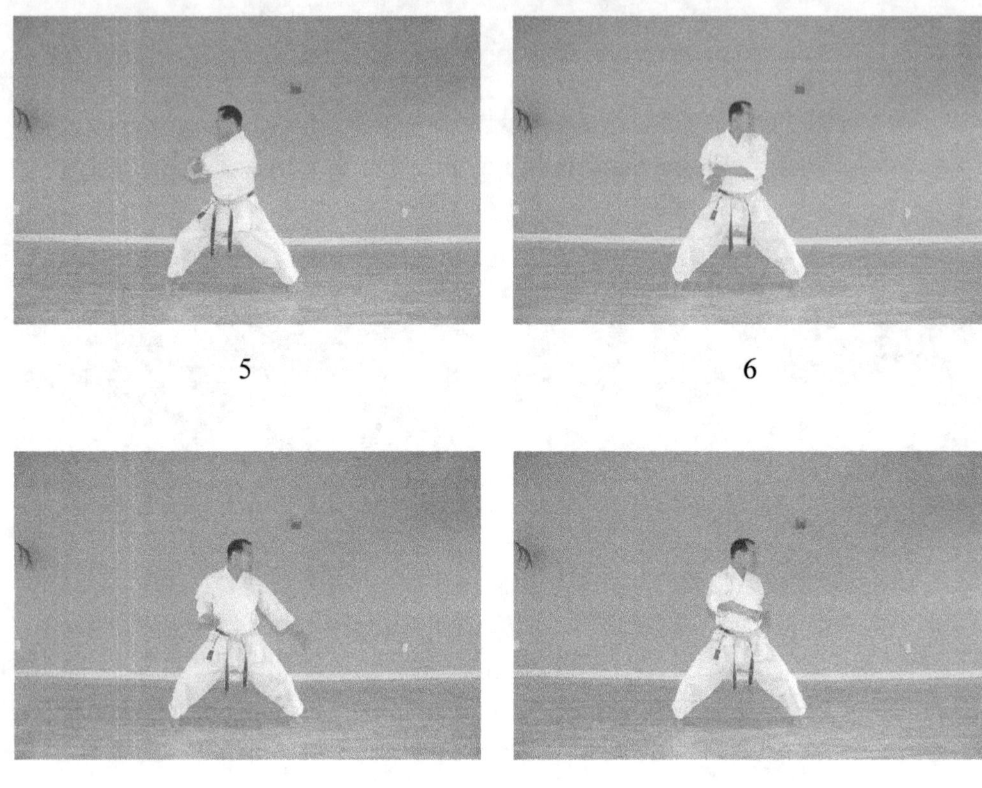

5 6

7 8

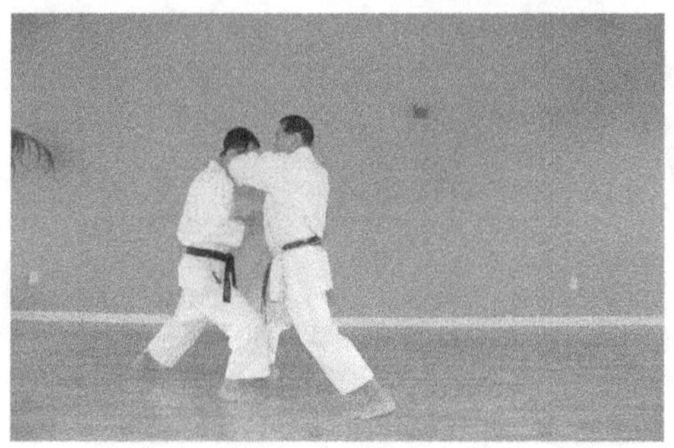

Aplicação para a Foto 5

A mão direita puxa a cabeça do oponente para mais perto para o *jodan enpi uchi* esquerdo.

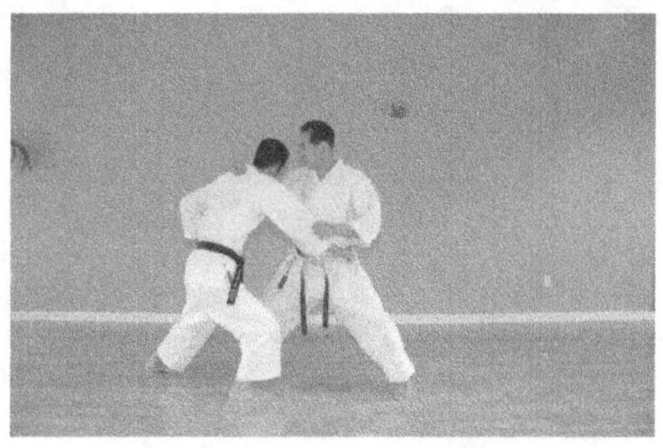

Aplicação para a Foto 6

A mão esquerda agarra a manga direita do oponente e a mão direita agarra o seu lado esquerdo para puxá-lo para junto, a fim de controlá-lo melhor.

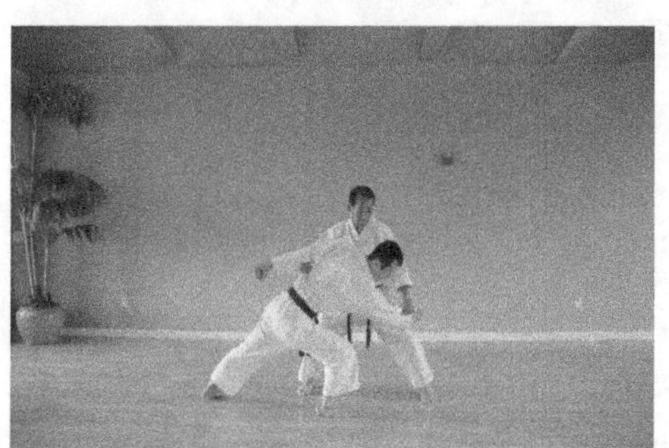

Aplicação para a Foto 7

O *gedan barai* esquerdo na realidade é um movimento para puxar para baixo a manga direita do oponente para desequilibrá-lo.

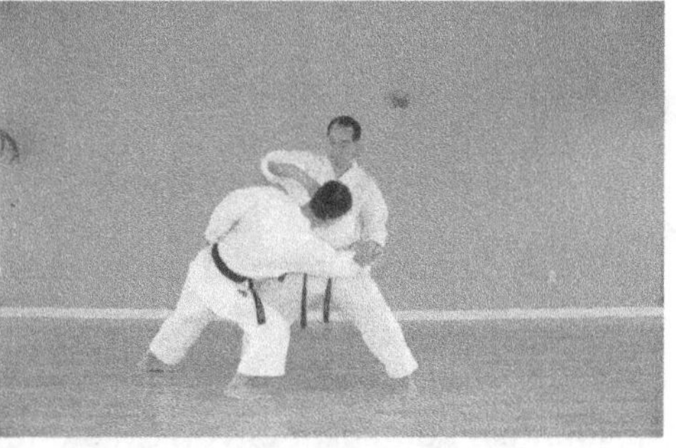

Aplicação para a Foto 8

Desfere um *kagi zuki* direito contra a cabeça do oponente enquanto ele tenta recuperar o seu equilíbrio levantando a sua cabeça.

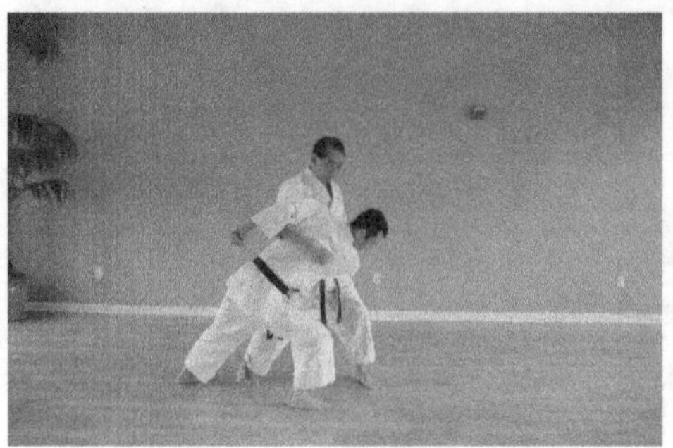

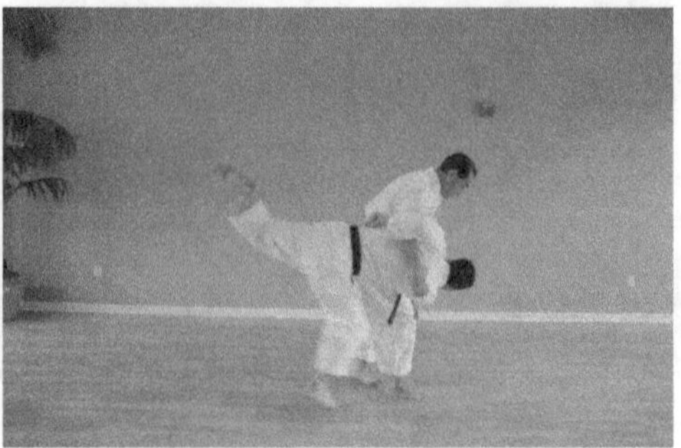

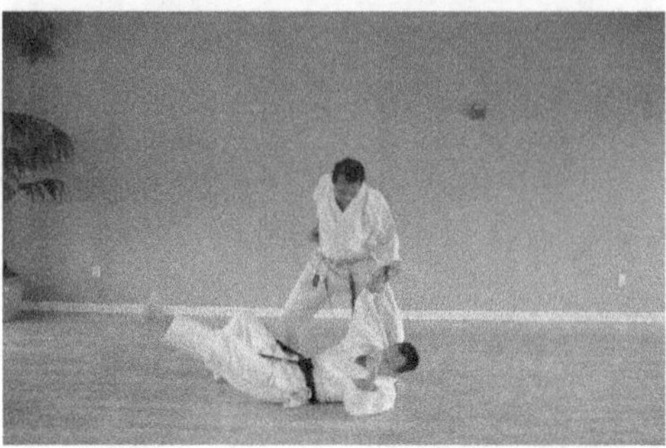

Uma aplicação alternativa deste movimento é o arremesso. Em vez de socar com o *kagi zuki* direito, o braço direito é posicionado ao redor do corpo, debaixo do braço esquerdo do oponente, para arremessá-lo.

Com isto, concluo a primeira parte sobre o *kata* Tekki. Na segunda parte, eu seguirei com o *bunkai* envolvendo o misterioso chute *nami gaeshi*. O meu *senpai* de 40 anos atrás informou-me equivocadamente que esta técnica era um bloqueio contra um *mae geri* visando a minha virilha. Afinal, qual é a aplicação e o significado do *nami gaeshi*? Eu compartilharei as aplicações que mais tarde aprendi com Sugano Sensei. Eu vou abordar os cinco objetivos fundamentais que devem ser buscados ao praticar o Tekki. Esses objetivos nunca foram publicados antes e eu espero que esse conhecimento revele a verdadeira natureza do *kata* Tekki, e que ele deixe de ser "entediante" para tornar-se em um valioso *kata*.

Capítulo Dez
第十章

Misterioso Kata Tekki Shodan Parte II
鉄騎初段の不思議　パート2

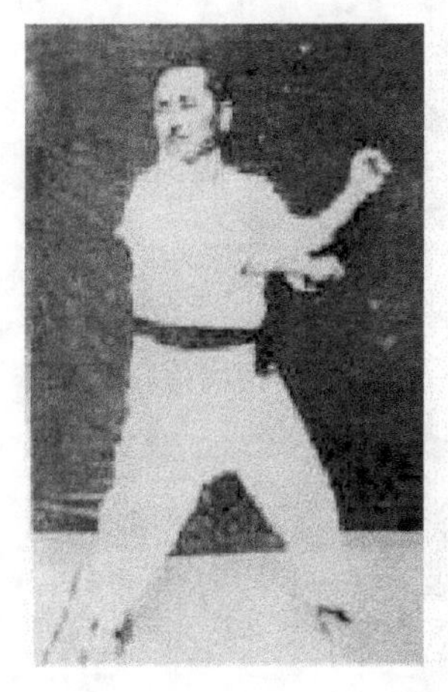
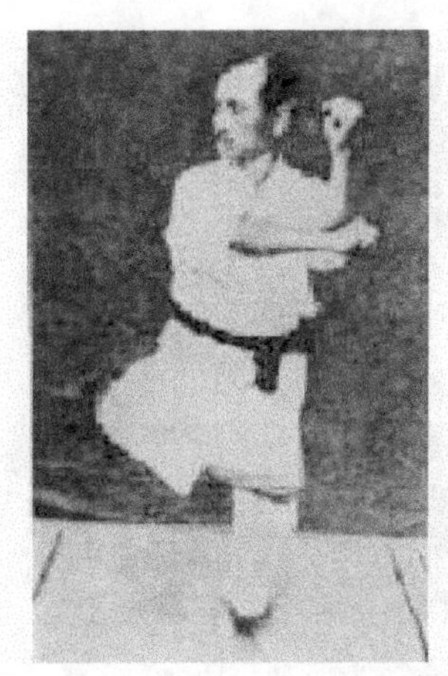
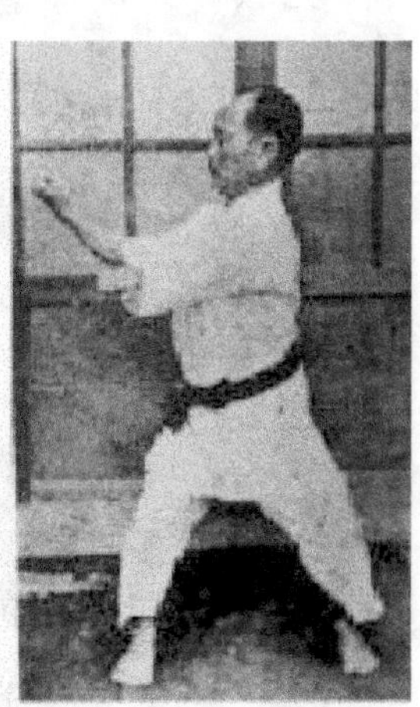

Vamos dar uma olhada nas aplicações para o misterioso chute chamado *nami gaeshi*.

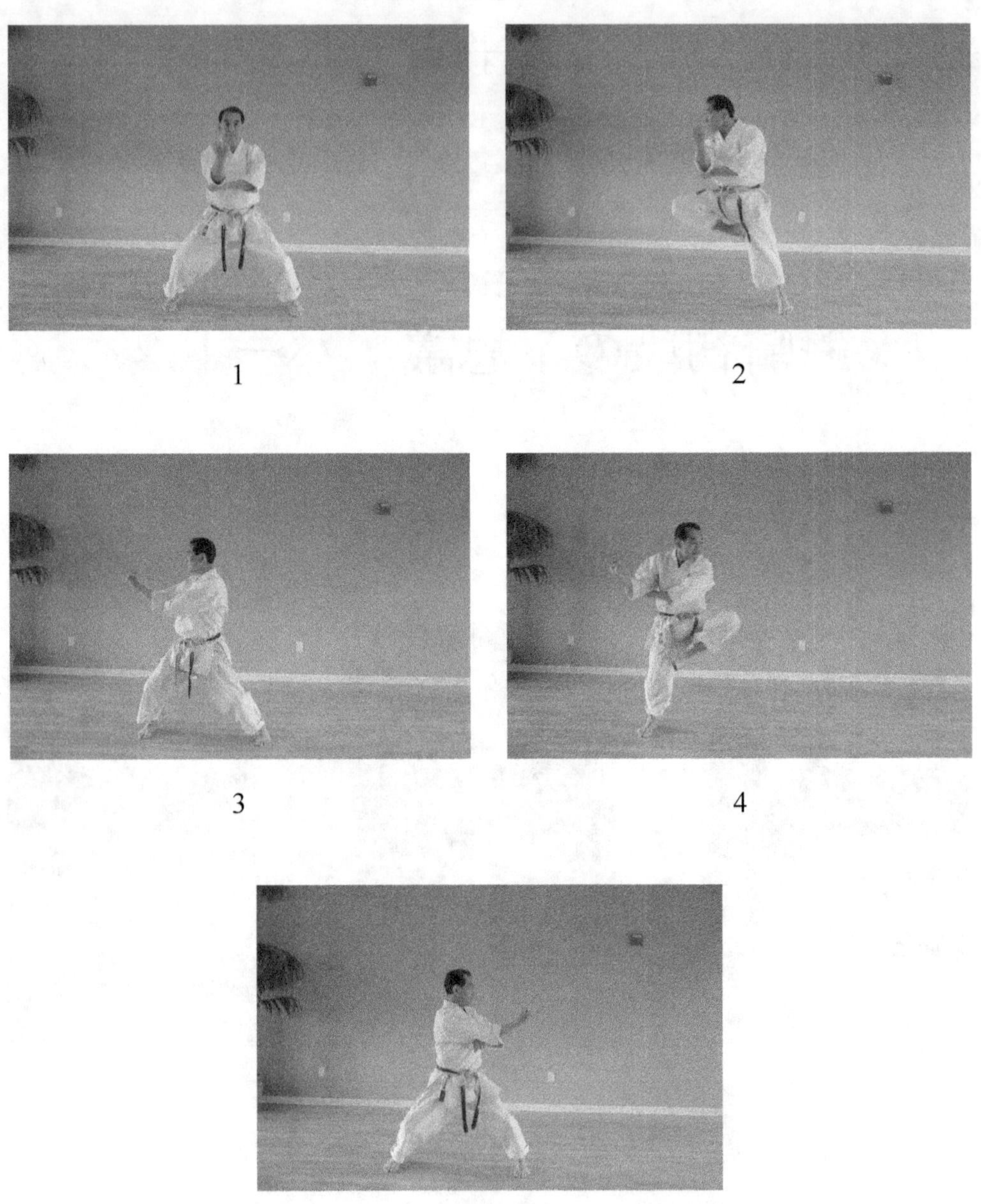

1 2

3 4

5

O *bunkai* para estes movimentos está na próxima página:

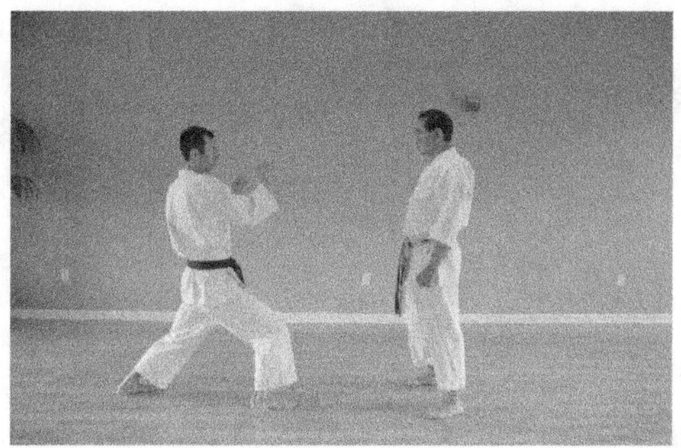

Yoi

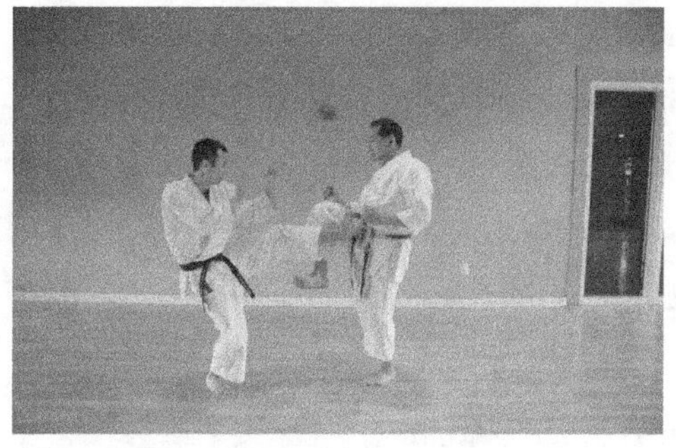

Aplicação para a Foto 2

O *nami gaeshi* bloqueia o *mae geri*. Observe que o joelho e toda a região da canela devem ser utilizados para bloquear o chute.

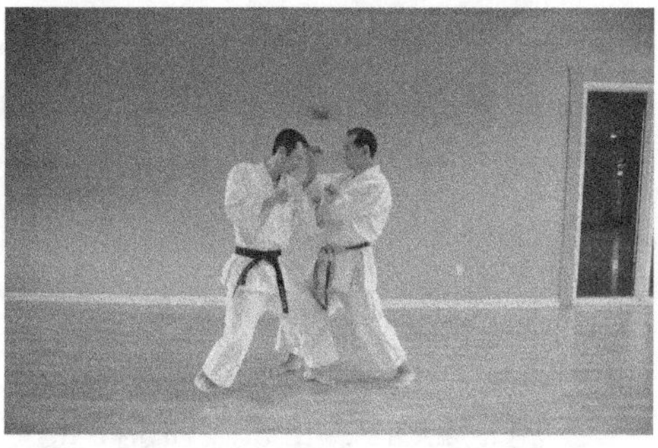

Aplicação para a Foto 3

Executa um *kentsui* com a mão direita contra a cabeça.

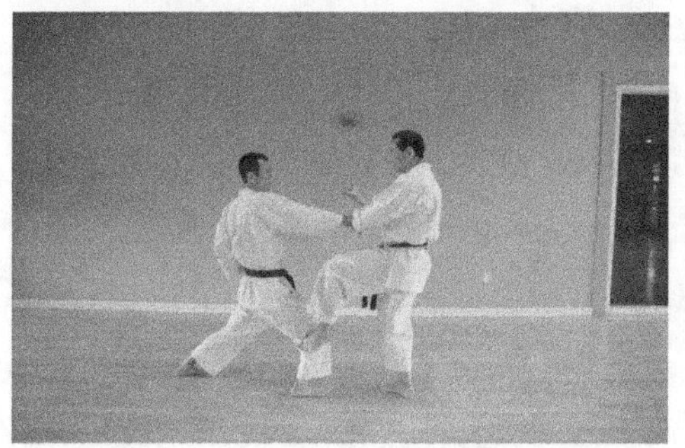

Aplicação para a Foto 4

Bloqueia o *chudan zuki* direito com um *osae uke* esquerdo e simultaneamente aplique um *hiza geri* com a perna esquerda.

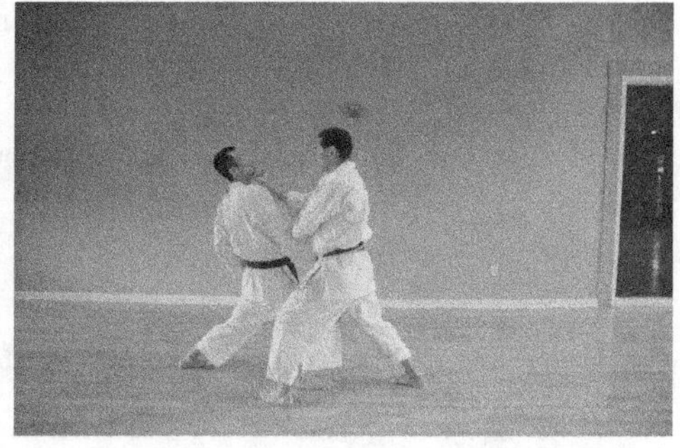

Aplicação para a Foto 5

Vá para perto e aplique um *jodan ura zuki* direito contra o queixo.

Agora eu listarei cinco objetivos fundamentais que devem ajudar você a praticar corretamente este *kata* singular, para que possa apreciá-lo mais e adquirir mais habilidades dele.

1. Postura (*Kiba Dachi* ou *Naihanchi Dachi*)

Como eu mencionei anteriormente, o *naihanchi dachi* não foi escolhido para este *kata* simplesmente para fortalecer os músculos das pernas. É importante notar que *naihanchi dachi* (posteriormente *kiba dachi*) foi escolhido porque ele é uma postura fundamental que pode ser facilmente mudada para a postura frontal ou para a postura recuada, com o deslocamento do centro de gravidade para frente ou para trás, através do giro dos pés como pivôs no solo. Ao dominar esta postura, o praticante pode facilmente aplicar os seus princípios a outras diferentes. Ele também aprende a manter as posturas estreitas, mesmo no caso de *zenkutsu dachi*.

2. Deslocamento do Corpo e do Centro de Gravidade

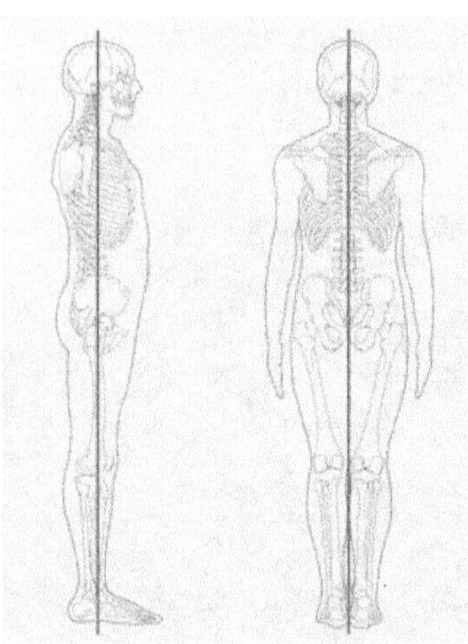

Acredite ou não, executar o *kosa dachi* provavelmente é um dos pontos de treinamento mais importantes do Tekki. No início deste *kata*, você está em *heisoku dachi*. Neste ponto, o equilíbrio do seu corpo deve estar distribuído igualmente entre os seus pés ou pernas. Conforme você move o seu pé esquerdo e passa com ele sobre o direito para realizar o *kosa dachi*, você está aumentando o suporte dado pela sua perna direita e simultaneamente diminuindo o peso corporal sobre a perna esquerda. Isso é uma coisa simples e natural, então ninguém discordaria neste ponto, mas esse movimento tem sido negligenciado, considerando a atenção especial que ele deve receber. O suporte dado pela perna direita começa em 50% e aumenta para

51%, 52%, 53%, etc., até 99%. Quase alcança o 100%, mas não chega lá, uma vez que o seu pé esquerdo então estará tocando o solo suavemente, fornecendo um apoio mínimo e mantendo o equilíbrio do corpo.

Essa movimentação é feita lentamente no estilo da JKA, o que não é errado, mas a maneira como ela deveria ser feita e a razão para isso são coisas que não foram explicadas para a maioria dos alunos. Eu explicarei esse ponto em particular mais tarde, pois ele merece uma atenção mais dedicada. O momento mais importante vem em seguida.

No próximo movimento, você mudará o seu suporte instantaneamente da sua perna direita para a esquerda, que agora suporta o 100% do peso corporal (tendo começado em 1%) já que a sua perna direita estará elevada no ar realizando o *fumikomi*. Essa técnica de deslocamento é o ponto fundamental deste *kata*. Ela aumenta a velocidade do deslocamento para frente, não apenas nos passos regulares, mas também em *tsugi ashi* e *yori ashi*.

Além disso, é importante observar que essa técnica é construída sobre a compreensão profunda do equilíbrio, bem como da utilização dos músculos internos das coxas para ações rápidas. Se você for um fã dos ninja, você deve conhecer um método deles de caminhar como se fossem caranguejos (com passos laterais). Os ninja sabiam da importância de utilizar os músculos internos das coxas para deslocamentos rápidos.

Assim, deve-se chamar a atenção dos estudantes para que sintam essa lenta mudança de equilíbrio entre as pernas esquerda e direita. É lenta no início (à maneira como é feita no primeiro passo de Tekki Shodan e Nidan), porém, ao final, você será capaz de mover o seu centro de gravidade rapidamente. Como eu mencionei anteriormente, ao aprender as sensações dessa mudança de gravidade, você aprenderá como o seu corpo se move rápida e suavemente (como se fosse um ninja).

3. Luta de Curta Distância

Na *Wikipédia* é dito que este *kata* é para lutas de agarramento ou de curta distância. O Shuri Te é comumente conhecido como um método de luta de longa distância, e alguns afirmam que este estilo é fraco nas lutas de curta distância. Eu não concordo totalmente com essa declaração; contudo, eu realmente concordo que no método de luta básico o Shuri Te apoia-se principalmente nas posturas de longa distância, como *zenkutsu dachi*, *kokutsu dachi* e *kiba dachi*.

Também se presume que os métodos de luta de curta distância devem utilizar posturas curtas, tais como *neko ashi dachi* e *sanchin dachi*. É verdade que posturas curtas são possuem mais mobilidade, o que significa que mudar a posição do corpo é mais fácil em uma situação de luta de curta distância, tal como no agarramento. Contudo, não é uma surpresa descobrir que o combate de curta distância pode ser feito de maneira eficaz utilizando apenas posturas longas que podem ser observadas no *kata* Tekki.

4. Técnica de Separação das Partes Superior e Inferior do Corpo

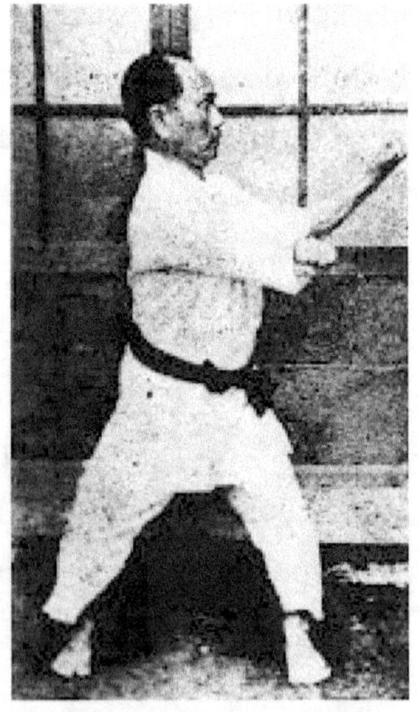

Dê uma olhada na fotografia à direita de Funakoshi praticando Tekki. Você pode ver claramente que ele conserva a sua postura *naihanchi* enquanto executa a técnica de braço para ambos os lados, girando 180 graus a parte superior do corpo. Nessa foto, a metade superior do seu corpo está muito claramente virada sem comprometer a posição dos seus pés. Chega a quase parecer como se essas duas metades do corpo viessem de pessoas diferentes, como se fosse uma fotografia falsa. A cintura dele deveria ser totalmente flexível para que pudesse executar a rotação de maneira tão notável.

Se você pode fazer isso em *kiba dachi*, então será fácil para você realizar um *gyaku zuki* girando completamente os quadris, ou então executar bloqueios reversos (como é necessário no Bassai Dai). Esse exercício também lhe permite executar as técnicas da parte superior do corpo sem ser influenciado pela metade inferior e vice-versa. Assim, a finalidade é possuir a habilidade de executar as técnicas da parte superior do corpo não apenas enquanto você mantém uma postura, mas também quando você está em movimento ou utilizando as suas pernas, como para chutar ou bloquear. O mesmo vale para a situação contrária. Você pode usar as suas pernas de forma independente em relação aos movimentos da parte superior do corpo.

5. Direção do *Bunkai*

A direção do *bunkai* pode ser para os lados como os movimentos do *kata* indicam. Não há nada de errado em praticar o enfrentamento de oponentes que possam atacá-lo pelos lados. Se acontecer de você enfrentar dois oponentes que se posicionam um em cada lado, é muito provável que você assuma um *kiba dachi* e lute dessa forma com eles. Contudo, nós não deveríamos nos prender apenas a este conceito, já que ele corresponde a uma única situação apenas, e as variações de uma situação são infinitas.

Como eu expliquei acima, *kiba dachi* é uma postura-padrão, que pode ser transformada em *zenkutsu dachi* ou *kokutsu dachi*, dependendo da distância em relação ao oponente. Assim, se a sua postura é *zenkutsu dachi* ou *kokutsu dachi*, a aplicação definitivamente será realizada contra um oponente que está à sua frente.

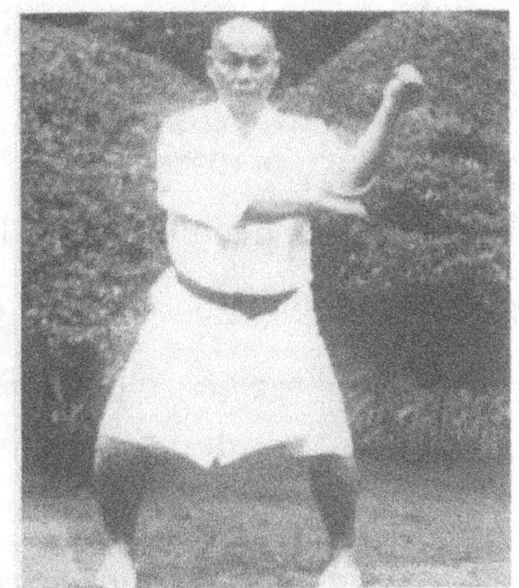

O criador do *kata* Tekki utilizou apenas *kiba dachi* e fez com que o *enbusen* fosse uma linha reta, e ainda, de forma muito interessante, uma linha lateral. Antes de os *kata* Heian terem sido inventados no final do século XIX, e por vários séculos, Tekki era o primeiro *kata* ensinado para praticantes do

Shuri Te, e eles praticavam somente este *kata* por vários anos antes de mudar para outro *kata* como Bassai. Assim, nós podemos acreditar que Tekki era um *kata* introdutório, e o *enbusen* simples foi adotado propositalmente.

Agora que você aprendeu as técnicas escondidas e os objetivos deste *kata*, você não precisa mais limitar a sua compreensão somente às interpretações literais. Lembre-se de que este *kata* era valorizado e praticado diligentemente por milhares de praticantes de Okinawa ao longo de centenas de anos nas ilhas de Okinawa. Se ele não possuísse valores e benefícios especiais conforme eu listei acima, o mais provável seria que ele não tivesse sobrevivido por todo esse tempo.

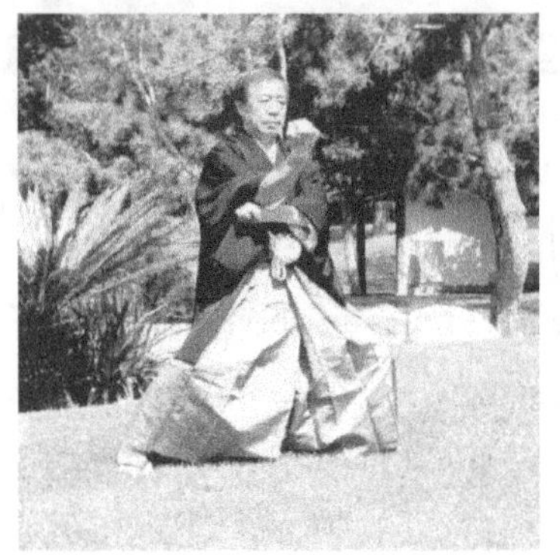

Se este *kata* é tão importante, nós naturalmente nos perguntamos o porquê de ele ter se tornado requisito obrigatório para os estudantes do 4º *kyu*, no exame de faixa marrom. Por que Funakoshi parou de enfatizar a importância extrema deste *kata* para os seus alunos? Aqui está a minha teoria, ou uma suposição instruída, sobre por que isso aconteceu.

Funakoshi era um grande educador, e ele queria ensinar karatê como parte da educação física, e não como uma arte marcial pura. Ele não enfatizava o *kumite* e estava ensinando principalmente através da prática do *kata*. Muitos alunos universitários, eu fiquei sabendo, desistiram ou foram para Okinawa por conta própria para aprender *kumite*. Assim, obviamente ele não estava muito motivado a ensinar *bunkai* e aplicações de *kata*, incluindo o Tekki.

Eu devo acrescentar que ele abandonou muitas coisas do karatê original. O fato mais conhecido é que ele abandonou os nomes usados em Okinawa, e deu nomes japoneses para os *kata*. Ele fez isso para que, ao fazê-los ter uma sonoridade japonesa, os japoneses sentissem-se mais confortáveis com esses nomes. Além disso, ele deixou para trás as vestimentas de Okinawa e adotou o *judogi* (柔道着) do Kodokan Judo. Ele não incluiu o *kobudo* no currículo regular, embora nós possamos ver fotografias onde ele treinava com um *bo*. Ele também deixou de enfatizar muitas das técnicas de arremesso e *bunkai waza*, para que o karatê não competisse com o judô, que era a maior arte marcial na porção principal do Japão na época em que ele lá apresentava o karatê.

Ele queria que o karatê fosse adotado pelos japoneses como um esporte seguro, e que fosse praticado em todas as escolas secundárias e nas universidades. Eu tenho certeza de que ele sentia uma grande frustração, já que o karatê era uma arte marcial mortal e o objetivo do seu treinamento era tornar o corpo do praticante o mais letal possível. Ele tinha que diminuir a eficácia das suas habilidades e técnicas, de modo que o karatê não competisse contra a então arte marcial estabelecida no Japão, o judô. Assim, ele precisou decidir deixar de lado as técnicas escondidas no Tekki que transformariam um *kata* entediante em um *kata* poderoso.

Você provavelmente se pergunta por que Funakoshi tinha que se preocupar tanto com o judô. Eu expliquei isso no Capítulo 7: "Iniciar e Terminar o Kata com Bloqueios", então, por favor, confira a esse capítulo se você ainda não a leu. Mas, deixe-me explicar de novo, brevemente, porque esse é um fato muito importante para entender o desenvolvimento e a história do karatê Shotokan no Japão.

O fundador do judô foi Jigoro Kano, e ele possuiu poder político e autoridade extraordinários nos campos educacional e esportivo no Japão por muitos anos, entre o final do século XIX e o início do século XX. Ele não só era o *kancho* (館長, 'presidente') do Kodokan, o sede do judô, mas também foi o primeiro membro do Comitê Olímpico Internacional (COI) no Japão. Por muitos anos ele foi diretor de várias escolas secundárias e de universidades, o que naturalmente fez dele um educador renomado e com muita credibilidade e respeito. Opor-se a ele ou ao judô no início do século XX seria um suicídio.

Funakoshi tinha acabado de mudar-se de Okinawa (uma ilha que na época a maioria dos japoneses não considerava como uma parte do Japão) e não possuía nenhuma rede de contatos ou apoiadores em Tóquio. Ele estava morando no apartamento de um zelador no dormitório de uma das universidades. O trabalho dele era ensinar uma arte marcial "estranha" chamada *karate* (唐手, 'Mão da China'), que era quase completamente desconhecida no Japão àquela época. É fácil imaginar que ele precisava ficar ao lado favorável de Kano e fazer algum tipo de aliança com o judô. Então agora o leitor possuirá uma compreensão melhor da forte influência que o judô teve no desenvolvimento do karatê no Japão durante a primeira metade do século XX.

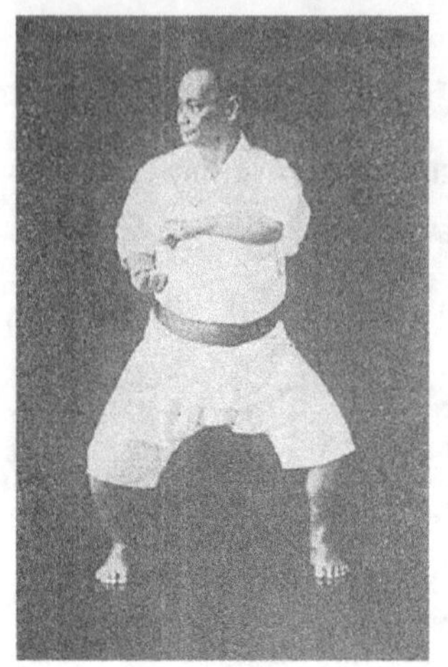

Deixe-me terminar este capítulo com uma história bastante conhecida de Choki Motobu (本部朝基, 1870–1944 [foto à esquerda]), um mestre de Shuri Te extremamente famoso de Okinawa. O apelido de Motobu era *Saru* (猿), que significa literalmente 'macaco'. Segue uma pequena história de como ele recebeu esse apelido.

Em Okinawa, naqueles dias, com objetivo de testar suas habilidades, os praticantes de karatê participavam à noite de disputas de rua clandestinas. Havia um certo lugar aberto onde eles encontravam-se em noites de fim de semana exatamente como os garotos dos dias atuais encontram-se para corridas de rua.

Diz a história que uma vez que Motobu continuava vencendo as disputas, ninguém mais ousava desafiá-lo. Então ele se escondia no topo de um telhado de uma casa próxima, e assistia às lutas que aconteciam lá embaixo. Chegando ao final das disputas, quando ele podia determinar quem era o melhor lutador de um grupo, ele saltava de volta ao solo e desafiava aquela pessoa. A maneira como ele escalava para cima e para baixo nos telhados fazia-o parecer-se com um macaco, assim passaram a chamá-lo de *Bushi Saru* (武士猿, 'Macaco Samurai').

Assim, Motobu foi um dos melhores lutadores que Okinawa produziu, e na verdade ele afirmava que o Tekki era o único *kata* que ele precisava praticar. Sabemos que essa afirmação é um exagero, e ele, de fato, conhecia outros *kata*. Mas, é verdade que ele, com esse tipo de afirmação, enfatizou a importância do *kata* Naihanchi (Tekki).

Você ainda acha que o Tekki não era nada mais um requisito para tornar-se faixa marrom? Se você ignorar este *kata* atualmente na sua rotina regular de treinamento, você não acha que agora é um bom momento para trazê-lo de volta ao seu repertório de treinos? Eu tenho certeza de que isso vai ajudá-lo a aprender as técnicas secretas do Tekki e que isso resultará em melhorias significativas no seu desempenho geral no karatê.

Capítulo Onze
第十一章

Hangetsu
半月形

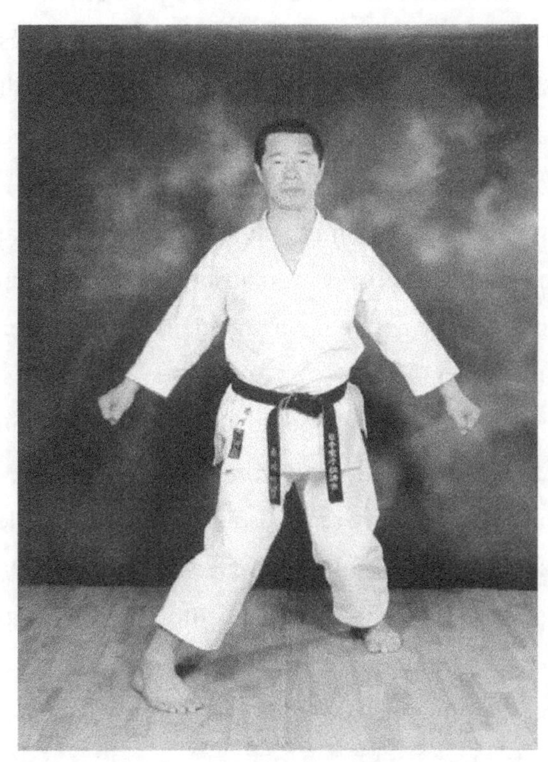

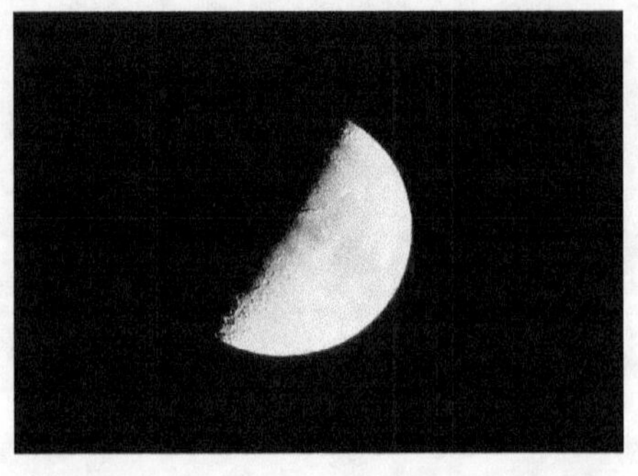

É o *kata* Hangetsu um elo perdido com o Naha Te? O finado Steve Cattle (do Reino Unido) escreveu um artigo necessário e instrutivo sobre Hangetsu intitulado "Hangetsu: o Kata Negligenciado do Shotokan" na edição nº 47 (maio de 1996) da revista *Shotokan Karate Magazine*. Nesse artigo, ele ressaltava que este *kata* era um dos mais impopulares e afirmava: "Eu acredito que é um *kata* negligenciado, geralmente por causa da dificuldade em executar os giros, a postura, e pela sua pouca beleza". Ele concluiu que a maior razão por que este *kata* era impopular era a dificuldade nos giros e na sua postura, *hangetsu dachi*, dizendo: "A dificuldade está no giro, e é por isso que eu penso que é um *kata* negligenciado nas competições, bem como pela própria dificuldade da postura". Eu concordo com a maioria das suas afirmações, mas eu temo que ele tenha ignorado alguns pontos fundamentais. Se você investigar a origem deste *kata* singular, descobrirá a história escondida e os profundos mistérios por trás dele.

Apesar de o Shuri Te e o Naha Te em geral não compartilharem os mesmos *kata*, Hangetsu (Seisan/Seishan) é uma exceção. Este *kata* é encontrado em quase todos os estilos, incluindo Wado Ryu, Shito Ryu, Goju Ryu, Uechi Ryu, Shorin Ryu, Ryuei Ryu, etc. Eu tentarei reunir os fatos e fazer as comparações necessárias para chegar às respostas para muitas perguntas. Ao compartilhar essas descobertas, eu espero que o leitor chegue a uma nova apreciação e compreensão quando vier a realizar este *kata* único e valioso.

Existe outro artigo que definitivamente vale a pena ler, publicado na edição nº 49 (novembro de 1996) da revista *Shotokan Karate Magazine* e escrito por John Cheetham, o editor-chefe dessa revista. O título é "Posturas de Tensão Interna", e o subtítulo é "Sanchin Dachi, Neko Ashi Dachi, Hangetsu Dachi". É um artigo de três páginas explicando o que são estas posturas de tensão interna e como elas são construídas. Ele toca um assunto que não é abordado com frequência e eu recomendo que todos os praticantes do Shotokan o leiam se ainda não tiverem lido.

Infelizmente, as informações detalhadas de *hangetsu dachi* e a sua natureza singular não são mencionadas ou descritas nesse artigo. Contudo, eu não posso culpar o autor, de modo algum. Ele provavelmente possui uma coleção com todos os livros fundamentais do karatê como *Karatê Dinâmico*, *Karate Do Kyohan* e *O Melhor do Karatê*, onde ele pode encontrar apenas os passos do *kata* Hangetsu e não muito mais do que isso.

Na verdade, nós podemos encontrar muito pouca informação sobre como realizar este *kata* corretamente ou sobre os detalhes de *hangetsu dachi*. O autor escreveu: "*Hangetsu dachi* é descrito na maioria dos livros e pela maioria dos instrutores como uma versão mais longa de *sanchin dachi*, com os mesmos aspectos de *sanchin*". É assim que ele pula a descrição detalhada de *hangetsu dachi*. Neste capítulo, eu tentarei trazer à tona os fatos escondidos da história e a comparação deste *kata* com os outros *ryuha* (流派, 'estilos') para preencher a lacuna.

O leitor concordará a esta altura que o *kata* Hangetsu é impopular, bem como a postura de mesmo nome. Eu me pergunto se você tem conhecimento de que este é o *kata* mais misterioso de todos os *kata* do Shotokan. Você pode já ter descartado este *kata* por ser "tedioso", então você pode questionar por que eu estou dando tanta atenção a ele. Eu convido o leitor a viajar junto comigo e descobrir os fatos interessantes na história do karatê.

Depois de investigar a história deste *kata*, o histórico do treinamento de Funakoshi em Okinawa e as grandes "melhorias" feitas por Nakayama, eu devo dizer que a profundidade do mistério deste *kata* ultrapassa a do próprio Tekki. Até onde eu posso observar, exceto pelo artigo do finado Steve Cattle, a minha pesquisa sobre o Hangetsu é a primeira publicada, e ela revela a razão por que este *kata* não pode ser esquecido.

Logo quando comecei a aprender o Hangetsu, eu costumava considerá-lo como um *kata* fácil e reservado para os praticantes mais idosos. Quando o meu instrutor original em Kobe, Jun Sugano, demonstrou o Hangetsu com *ibuki* no início dos anos 80, eu não pensei muito a respeito—ou, na verdade, eu não entendia. Quando eu o vi demonstrando este *kata* com aquela respiração, eu pensei que talvez ele estivesse doente ou tendo dificuldades de respirar.

Como um típico instrutor japonês, Sugano não nos explicava sobre *ibuki* ou o propósito deste *kata*. Eu realmente não tenho nenhuma lembrança dele nos ensinando este *kata* no *dojo*. Eu tenho certeza de que ele o ensinava para os instrutores veteranos, mas para os instrutores novatos, ele escolhia outros *kata* com ritmos mais acelerados como Kanku, Enpi e Unsu.

Muitos anos depois, Asai me explicou sobre *ibuki* e o seu efeito sobre a postura. Nesse momento (e somente então) tudo finalmente fez sentido para mim. Pense em alguém que aprende devagar; eu levei apenas 20 anos para perceber. Esta técnica parece ter sido praticamente perdida entre os praticantes do Shotokan. Somente Kanazawa e alguns outros instrutores mencionam a importância da respiração neste *kata*, mas nenhum deles explica o significado completo do *ibuki* e a relação com Hangetsu. Consequentemente, a história completa do elo perdido entre o karatê Shotokan e o Naha Te nunca foi revelada. É muito mais do que parece.

Antes que nós investiguemos os aspectos “misteriosos” do Hangetsu, eu quero chamar a sua atenção para dois fatos singulares sobre este *kata* que não foram muito discutidos no passado.

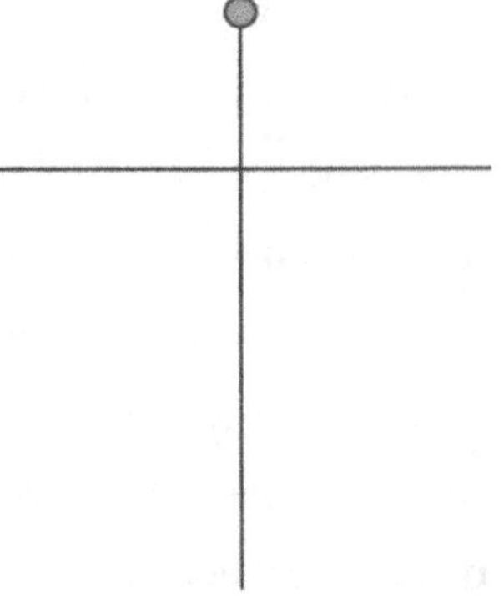

O primeiro fato é que o *enbusen* de Hangetsu é único, pois ele se mantém basicamente em uma linha medial que vai para frente e para trás. Existem sequências de *chudan uchi uke* e *nihon zuki* no meio do *kata* que estendem-se para a esquerda e para a direita, mas somente com o desvio de um passo de *yori ashi*. Assim, nós podemos dizer que ele se mantém dentro de uma linha medial e esta ideia é similar ao Gankaku (também em uma linha medial) e ao Tekki (em uma linha lateral). Quando um *enbusen* é simples, quer dizer que o criador do *kata* fez isso propositalmente. Ele eliminou as movimentações complexas de pés para enfatizar certas técnicas, tipicamente uma postura ou várias posturas, por um propósito no treinamento.

O Tekki possui pelo menos três propósitos maiores: (1) fortalecer as pernas com o *kiba dachi* profundo, (2) dominar a técnica de deslocamento do centro de gravidade através da movimentação lateral (em direções antinaturais) e (3) aumentar a flexibilidade da parte superior do corpo. O objetivo do treinamento do Gankaku também é bastante claro: ele treina a sua habilidade de equilibrar-se com *tsuru ashi dachi* e muitas dessas rotações dinâmicas do corpo.

Então, quais são os objetivos específicos do *kata* Hangetsu? Existem vários pontos e este capítulo irá revisá-los conforme nós investigamos os aspectos que tornam este *kata* muito singular.

O segundo fato é que todos os estilos possuem este *kata* (Hangetsu ou Seisan/ Seishan). É muito interessante notar que todos os estilos tradicionais tanto do Shuri Te (p. ex.: Wado Ryu e Shorin Ryu) quanto do Naha Te (p. ex.: Shito Ryu, Goju Ryu, Uechi Ryu e Ryuei Ryu) possuem este *kata*, utilizando o nome *Seisan* ou *Seishan*. O Shotokan não possui nenhum outro *kata* em comum com os estilos do Naha Te, então o *kata* Hangetsu é a rara ponte que liga ao Naha Te.

Seisan e *Seishan* são palavras de Okinawa que significam 'treze'. Os estilos do Naha Te ainda o chamam de *Jusanho* (十三歩, 'treze passos') ou *Jusante* (十三手, 'treze mãos' ou 'treze técnicas'). Funakoshi mudou o nome para *Hangetsu* em algum momento no final da década de 20 ou início da década de 30, enquanto estava tentando tornar o karatê mais japonês. Uma das contribuições que ele fez foi substituir os nomes dos *kata* usados em Okinawa, os quais eram incompreensíveis para a população japonesa, por nomes que pareciam mais japoneses.

É desnecessário dizer que o fato de que todos os estilos compartilham um mesmo *kata* é algo tremendamente útil e valioso já que nós podemos comparar as versões de cada estilo. Espero que este trabalho nos conte muito sobre o Shotokan e a sua ligação com o Naha Te. Existem três pontos interessantes que tornam o Hangetsu um *kata* muito único e misterioso:

- Contém *hangetsu dachi.*
- Utiliza movimentos lentos na primeira porção.
- Contém a instrução esquecida da respiração *ibuki.*

Hangetsu Dachi

A maioria dos leitores sabe que o nome *Hangetsu* (半月, 'meia-lua') foi adotado porque os passos neste *kata* percorrem um movimento circular para dentro. No Shotokan, nós enfatizamos as posturas realizadas com os joelhos para fora, como *kiba dachi, zenkutsu dachi* e *kokutsu dachi*. Assim, as posturas de tensão interna, incluindo *hangetsu dachi*, não são populares. Na realidade, as posturas voltadas para dentro não foram uma parte do meu treinamento de *kihon* regular durante os meus dias na JKA.

Eu me lembro claramente de quando aprendi pela primeira vez essa postura no início dos anos 70. O meu *senpai* dizia: "Faça um *zenkutsu dachi*. Agora, vire o pé da frente 30 graus para dentro. Agora, pressione os joelhos internamente". Uau, era uma sensação muito estranha e eu tinha dificuldade em manter essa postura. Eu ficava preocupado que pudesse machucar os meus joelhos puxando-os tanto para dentro.

Outro problema era a dificuldade em manter-me em *hangetsu dachi* durante os primeiros movimentos lentos até chegar ao *morote shuto gedan uke* (ou *uchi*). À medida que realizava minhas técnicas da parte superior do corpo, eu tendia a esquecer a tensão interna das pernas. Lembro-me claramente do grande desafio de manter o *hangetsu dachi* até o final deste *kata*.

No topo da próxima página está uma foto do nosso *hangetsu dachi* com um diagrama correspondente (Foto A). Este é o *hangetsu dachi* que eu aprendi faz muitos anos, e eu suspeito que esta é a forma como o leitor está sendo instruído ou está instruindo os seus alunos agora.

No Volume 7 da série *O Melhor do Karatê*, Nakayama escreve o seguinte sobre *hangetsu dachi*:

> Um pouco mais estreita que a postura frontal, ambos os pés são virados para dentro em direção à linha que conecta os dorsos dos pés, e ambos os joelhos são virados para dentro. É importante que os calcanhares e as bordas externas dos pés (*sokuto*) estejam

firmemente plantados no solo.

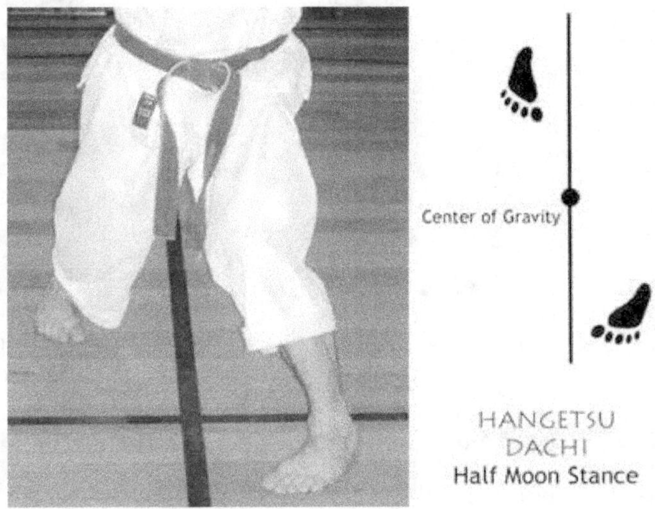

A. *hangetsu dachi* no Shotokan

Em *Karatê Dinâmico*, ele explica *hangetsu dachi* como

> uma postura intermediária entre a postura frontal e a postura de ampulheta. A colocação dos pés é quase a mesma que na postura frontal, mas a distância entre os pés na postura *hangetsu* é menor. O método de forçar os joelhos para dentro, contudo, é similar ao da postura de ampulheta. Esta postura é útil tanto para ataque quanto para defesa, mas tende a ser favorecida para defesa.

Conforme progredia em direção a graduações mais avançadas e aprendia todos os 26 *kata* da JKA, eu percebi que nós encontramos *neko ashi dachi* e *sanchin dachi* em outros *kata* (p. ex.: Nijushiho [二十四歩], Unsu e Wankan). Por outro lado, *hangetsu dachi* não está em nenhum outro lugar exceto o *kata* Hangetsu. Como minha pesquisa estendia-se a outros estilos, eu descobri que nenhum outro estilo possui *hangetsu dachi*!

Inicialmente, eu investiguei como os estilos do Naha Te realizam os seus *kata*, já que eles focam em posturas de tensão interna. Eu descobri que todos eles utilizam *sanchin dachi* no *kata* Seisan (veja as Fotos B e C na próxima página).

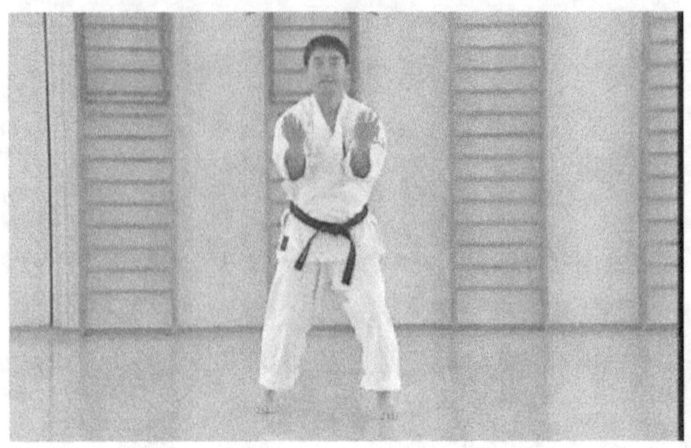

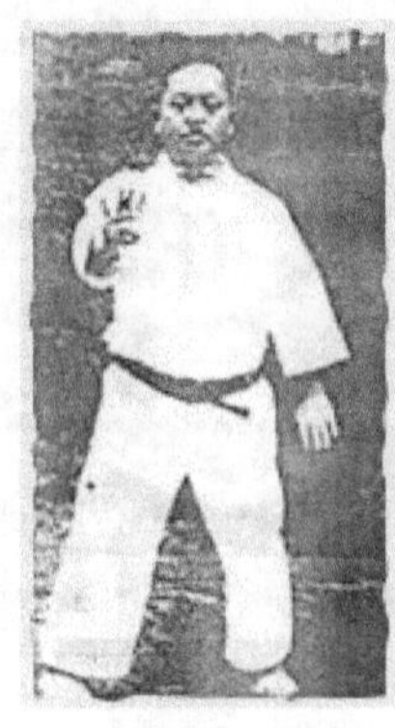

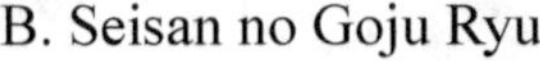

B. Seisan no Goju Ryu

C. Seisan no Shito Ryu

O Wado Ryu (和道流) é um estilo que se desmembrou do Shotokan, e o *kata* deles é chamado *Seishan*. A postura *seishan*, mostrada abaixo com um diagrama correspondente (Foto D), é similar ao *hangetsu dachi* (o pé da frente é virado para dentro e os joelhos são puxados também para dentro), mas é muito mais curta e na realidade aproxima-se mais de *sanchin dachi*. Na verdade, alguns dos sites dos *dojo* de Wado Ryu descrevem *seishan dachi* como sendo o mesmo que *sanchin dachi*.

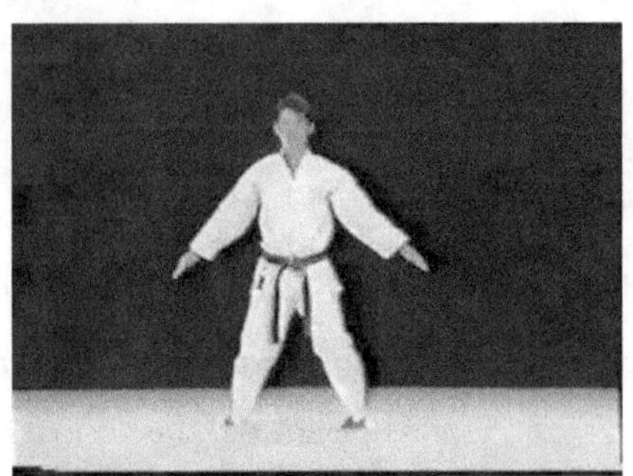

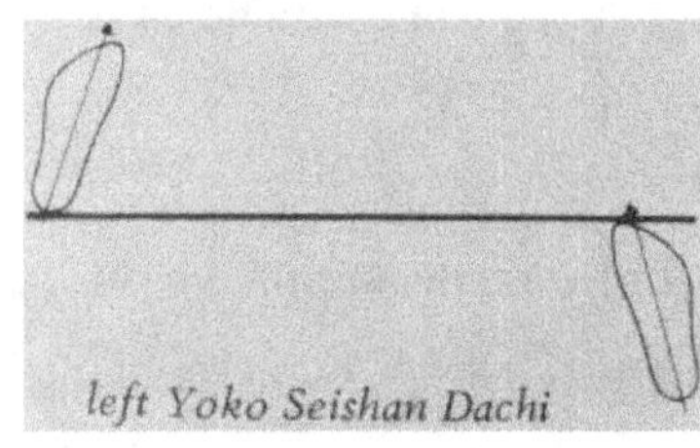

D. *Seishan dachi* no Wado Ryu

Agora nós temos que conferir o estilo original do Shuri Te de onde o Shotokan originou-se. O Shorin Ryu (少林流, 小林流 ou 松林流) é o maior estilo de Shuri Te, e a postura que ele utiliza no *kata* Seisan é mostrada no topo da próxima página (Foto E).

A postura parece-se quase exatamente como *shiko dachi*. A perna de trás é bastante flexionada e o joelho inclusive é forçado para fora. Obviamente, eles usam posturas com tensão externa no seu *kata* Seisan.

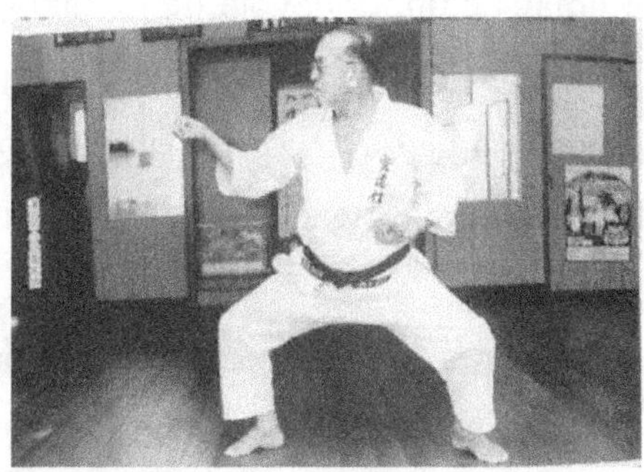

E. Seisan no Shorin Ryu

Vamos agora examinar a versão da Shotokai. A Shotokai adotou o novo nome, *Hangetsu*, quando Funakoshi o trocou. A foto mostrada abaixo (Foto F) mostra um movimento (*morote gedan kakiwake*) de Hangetsu.

Esta é a postura que eles utilizam em Hangetsu (confira em *Karate Do Kyohan*), e nós podemos ver que ela é muito similar à utilizada no Shorin Ryu com o joelho de trás forçado para fora quase como *shiko dachi* ou *sochin dachi*. Baseado na forte similaridade entre o *kata* Seisan do Shorin Ryu e o *kata* Hangetsu da Shotokai, nós podemos facilmente determinar que o primeiro foi um ancestral do segundo.

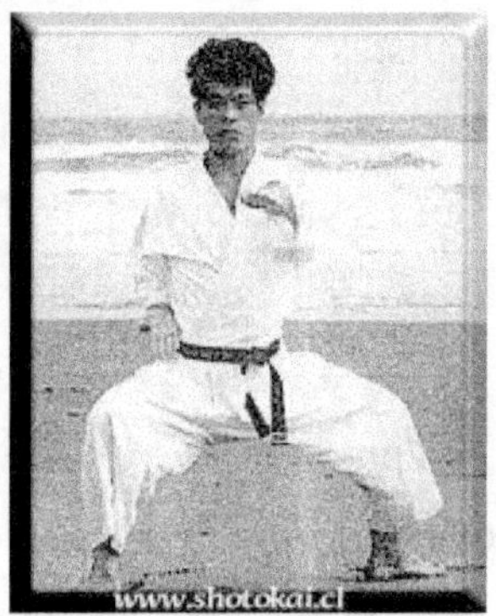

F. Postura usada na Shotokai

Aqui está um videoclipe do *kata* Hangetsu executado por um praticante da Shotokai: https://www.youtube.com/watch?v=FvULsvwrxYs. A qualidade do vídeo é muito ruim, mas nós podemos ver as posturas muito claramente.

Como a Shotokai é uma seguidora devota de Funakoshi, eu não sei por que eles mantiveram a postura com tensão para fora em vez de acompanhar a mudança feita por Funakoshi. Eu gostaria de ouvir as contribuições de praticantes da Shotokai ou qualquer um que tenha investigado sobre esse assunto para resolver esse mistério.

Depois de analisar as posturas de todos os estilos, nós podemos concluir que o *hangetsu dachi* (uma postura com as pernas voltadas para dentro) que conhecemos hoje é inexistente não só nos estilos do Shuri Te, mas também nos estilos focados em posturas com tensão interna do Naha Te. Assim, nós queremos saber agora por que *hangetsu dachi* ocupa uma posição única no Shotokan em meio a todos os estilos. Esta é uma grande pergunta e eu tenho consciência de que a minha resposta pode ser polêmica.

Acredita-se que Funakoshi aprendeu karatê com dois mestres: Anko Itosu e Anko Azato. A principal fonte das técnicas de karatê de Funakoshi era o Shuri Te, e alguns sustentam que ele não aprendeu muitas técnicas do Naha Te. Esta afirmação realmente faz sentido se considerarmos que as posturas do Shotokan são predominantemente longas e voltadas para fora, e o seu estilo de luta é definitivamente focado na longa distância.

Para a maioria dos especialistas em Shuri Te isso era suficiente, já que eles consideravam que o Shuri Te era a arte marcial tradicional e autêntica de Okinawa, o *te* (ou *ti*). Por que o Shuri Te focava na luta de longa distância? Para responder isso, nós precisamos agora entrar na história das lutas na antiga Okinawa.

É um fato que o minério de ferro sempre tem sido raro em Okinawa. A antiga Okinawa não podia produzir aço para fazer espadas e outras armas de aço como se fazia no Japão. É por isso que a maioria das armas do *kobudo* de Okinawa, como é o caso do *bo* (棒), o *nunchaku* (ヌンチャク), a *tonfa* (トンファー) e mesmo os remos dos barcos, é feita de madeira. As espadas eram acessíveis apenas aos *bushi*

(武士, 'guerreiro' ou 'samurai') de posição elevada; assim, obviamente a maioria dos *bushi* tinha que desenvolver os métodos de luta de longa distância para lutar contra oponentes que possuíam certas armas.

Os estilos do Naha Te, como o Goju Ryu e o Uechi Ryu, são muito mais recentes, uma vez que os fundadores desses estilos viajaram para a China para aprender principalmente *hakutsuru ken* (o kung fu da Garça Branca), no século XIX. Devido ao fato de possuir um histórico mais recente, o Naha Te ainda não possuía muita credibilidade no início do século XX, e eu posso ver por que Funakoshi não treinou profundamente nos estilos do Naha Te.

Reconhecendo Funakoshi como tendo sido um educador e um *karateka* dedicado, eu tenho certeza de que ele tentou adotar algumas das ideias do Naha Te. Ele provavelmente conhecia a importância das posturas com pernas voltadas para dentro e da respiração *ibuki*, que são os dois princípios fundamentais do Naha Te. *Sanchin dachi* é a postura utilizada pelo Naha Te, mas ele queria uma postura mais longa para o Shotokan, que é um sistema de luta de longa distância. Assim, ele criou uma postura longa com tensão interna, uma combinação de *zenkutsu dachi* e *sanchin dachi*. Essa nova criação foi *hangetsu dachi*.

Movimentos Lentos

Os primeiros dez movimentos—o número pode ser diferente dependendo de como você faz a contagem—partindo do primeiro *chudan uchi ude uke* esquerdo até o *morote shuto gedan uke* (ou *uchi*), são realizados muito lentamente (como no tai chi), e a movimentação dos passos deve ser coordenada com as técnicas de *uchi ude uke*. Isso é extremamente singular entre os *kata* do Shotokan, e normalmente não se explica muito por que nós precisamos executar o Hangetsu dessa maneira. É comum dizerem que se trata de um exercício de coordenação, como os dois primeiros movimentos lentos do Heian Yondan. Mas por que nós temos dez movimentos seguidos para realizar tão lentamente? Deve haver uma razão séria, mas isso nunca foi explicado por completo por ninguém.

Por causa desses movimentos "fáceis", este *kata* é equivocadamente considerado como um *kata* para os praticantes idosos. Além disso, o Hangetsu não é uma escolha popular nas competições. Por outro lado, nós frequentemente o vemos como preferido em demonstrações dos mestres antigos. Eu me lembro de assistir com frequência às demonstrações de Hangetsu nos anos 70 e 80 no Japão e nos Estados Unidos. Lembro-me de ter visto Nishiyama fazendo uma apresentação e um *bunkai* impressionante de Hangetsu em Manhattan, Nova Iorque, EUA, mais de 30 anos atrás. Enoeda Sensei estava lá também, e realizou uma demonstração de outro *kata*.

Nós deveríamos pensar mais profundamente no porquê de tantos mestres escolherem este *kata* para demonstrações. Vamos comparar a velocidade, particularmente a da primeira parte deste *kata*, entre as versões dos outros estilos.

Wado Ryu (Shuri Te)

Aqui está um videoclipe de Hironori Otsuka executando Seishan: http://www.youtube.com/watch?v=ckH_3iIRKwg. Wado Ryu é um estilo muito próximo do Shotokan, já que o seu fundador, Hironori Otsuka (大塚博紀, 1892–1982), foi um dos discípulos de Funakoshi.

Ao assistir ao videoclipe de Seishan feito por Otsuka, pode-se facilmente reconhecer que este é o mesmo *kata*. Uma das diferenças é que Otsuka continua a movimentar-se lentamente depois do *morote shuto gedan uke* até finalmente chegar nas sequências de *chudan uchi ude uke* e *nihon zuki*, que são realizadas rapidamente. Obviamente, Otsuka decidiu conduzir os movimentos lentos mais agressivamente que Funakoshi, e eu acredito que Otsuka achou que o objetivo original deste *kata* era importante o suficiente para então estender estes movimentos lentos.

Okinawan Shorin Ryu (Shuri Te)

Aqui está um videoclipe do Seisan do Seibukan de Okinawa: http://www.youtube.com/watch?v=LFSnV7s_5i0.

Os movimentos dos pés são realizados com passadas em "meia-lua" para dentro, realizados lentamente, mas a movimentação dos braços é feita com rapidez. Outra coisa interessante é que depois do *gyaku zuki* direito, um rápido *chudan uchi ude uke* direito é realizado a partir da posição de *gyaku* (em um *zenkutsu dachi* esquerdo). E após isso, segue um passo para frente para fazer um *shiko dachi* direito sem mover os braços (o passo é dado um pouco lentamente). Depois de completar o *shiko dachi* direito, um *gyaku zuki* esquerdo é executado com força e rapidamente. Esta sequência é repetida mais uma vez.

O Seibukan mantém a sua tradição de posturas voltadas para fora ao finalizar este *kata* com *zenkutsu dachi* (uma postura voltada para fora). Por outro lado, é interessante observar que o Shotokan termina com *neko ashi dachi* (uma postura voltada para dentro).

Goju Ryu (Naha Te)

Este é o estilo mais famoso entre os que compõem o grupo do Naha Te. A maior diferença entre o Goju Ryu e a maioria dos outros estilos é que o Goju Ryu utiliza um método mais pesado de respiração, *ibuki* (explicado mais tarde neste capítulo), durante a execução do *kata*. Ao longo de cerca da primeira dezena de movimentos, no principio do *kata*, dá-se um passo lento para *sanchin dachi* com o pé direito e assume-se a posição de *morote uchi kakiwake*, que assemelha-se a ter ambos os braços em posição de *chudan uchi uke*. Durante a execução, coordenam-se a formação da postura e o movimento dos braços. Em seguida, um braço é recolhido lentamente para a posição do quadril antes de desferir um *chudan zuki* e depois um *chudan uchi ude uke* em sucessão rápida. Estes movimentos são bem diferentes de como se fazem no Hangetsu. O próximo passo para *sanchin dachi* com o pé esquerdo é feito em velocidade normal, e ambos os braços são suspensos em posição de *kakiwake*. Aqui está um vídeo do Seisan do Goju Ryu: https://www.youtube.com/watch?v=Ba2qjV0GFa4.

Shito Ryu (Naha Te)

O Shito Ryu é irmão do Shotokan, uma vez que os fundadores de ambos os estilos possuíam um professor em comum em Okinawa, Itosu. Contudo, o *kata* Seisan do Shito Ryu é bastante diferente do Hangetsu e muito mais próximo do Seisan do Goju Ryu.

Abaixo estão uns vídeos das versões de dois outros estilos do Naha Te, Ryuei Ryu (劉衛流) e Uechi Ryu (上地流), para mais comparaçõe:

Seisan no Ryuei Ryu: http://www.youtube.com/watch?v=vTtRyNjA2eY
Seisan no Uechi Ryu: http://www.youtube.com/watch?v=7zXmNYXxRO0

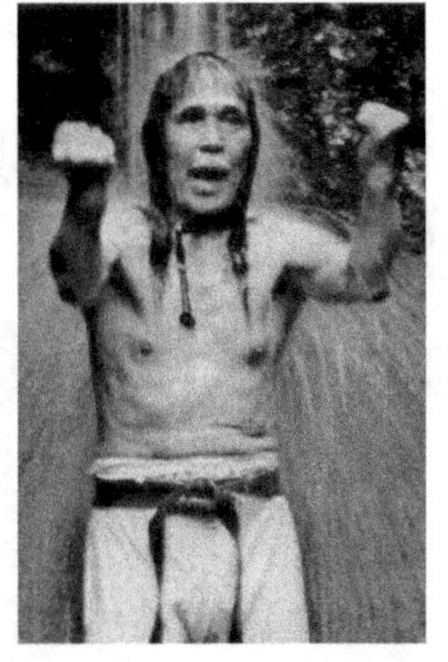

A conclusão é que os outros estilos mostram algumas movimentações lentas nas suas versões do Seisan, mas nenhum deles realiza os movimentos lentos sucessivos encontrados no Hangetsu. Então, de onde vem esta ideia? Para responder isso, nós precisamos assistir a um videoclipe do *kata* Sanchin da Goju Kai conforme praticado por Goshi Yamaguchi (山口剛史, 1942–): http://www.youtube.com/watch?v=EpEVNUIkVx8.

Ao comparar o *kata* Seisan e o *kata* Sanchin, curiosamente você perceberá o fato peculiar de que os movimentos lentos de pés e braços dos primeiros 3 ou 4 passos são idênticos àqueles do Hangetsu, exceto pelo fato de que os movimentos de pés e braços no Sanchin são feitos com a respiração *ibuki*.

Funakoshi deve ter conhecido os pontos positivos do Naha Te e procurado incorporar aos seus próprios ensinamentos a coordenação da postura de tensão interna e o movimento dos braços e pernas com a respiração. Os estilos do Naha Te possuem o *kata* Sanchin para esse propósito, mas ele não selecionou esse *kata*—a razão será explicada mais tarde. Em vez disso, ele escolheu um *kata* similar, o que convenientemente possuía uma postura mais longa: Seishan.

Funakoshi queria criar um *kata* exclusivo para suplementar os *kata* do Shotokan. É possível perceber o desejo de Funakoshi de criar um *kata* novo ao considerar a sua atitude de usar um nome completamente diferente. Como eu expliquei anteriormente, *Seisan* ou *Seishan* significa 'treze'. Nós já possuímos muitos *kata* com números, como Jutte ('dez mãos') e Nijushiho ('vinte e quatro passos'). Ele poderia tê-lo nomeado como *Jusante* ou *Jusanho*, mas ele não o fez. Em vez disso, ele trouxe um nome que não possuía nenhuma relação com o original: *Hangetsu*.

Está registrado que a razão para este novo nome vem dos movimentos em arco ou meia-lua dos braços e dos pés. Contudo, os passos em arco não são exclusividade do *hangetsu dachi*, já que nós utilizamos uma movimentação similar no deslocamento em *zenkutsu dachi*, assim essa justificativa não faz sentido. Eu tenho que dizer que Funakoshi possuía uma motivação escondida, que nunca foi revelada antes.

Respiração *Ibuki*

Existem dois aspectos básicos importantes para os estilos do Naha Te. Um deles é o *kata* Sanchin, que é realizado com o outro, *ibuki*. Este é um método de respiração muito importante entre os estilos do Naha Te, como o Goju Ryu, o Isshin Ryu (一心流) e o Uechi Ryu, assim como o Kyokushinkai (極真会)—Masutatsu Oyama (大山倍達, 1923–1994) afirmou em seu livro ter aprendido o método com o treinamento de Goju Ryu.

O *kata* Sanchin é feito com *ibuki* para que o praticante aprenda a complexa tensão e relaxamento dos músculos internos. Acredita-se que este exercício torna o corpo mais resistente aos golpes dos oponentes. Durante o treinamento, um *sensei* ou *senpai* irá conferir o nível correto de tensão golpeando ou chutando o praticante em muitas partes do corpo deste, incluindo em alguns *kyusho* (急所, 'pontos vitais'), como o plexo solar e a virilha, enquanto se executa o *kata* Sanchin.

Os estilos do Naha Te são baseados em um sistema de luta de curta distância. Em uma luta de curta distância, você tende a receber múltiplos golpes em vez de um soco ou chute de nocaute como se faz no Shotokan, um sistema de longa distância. Assim, esse exercício é para aumentar a habilidade de defesa dos praticantes do Naha Te.

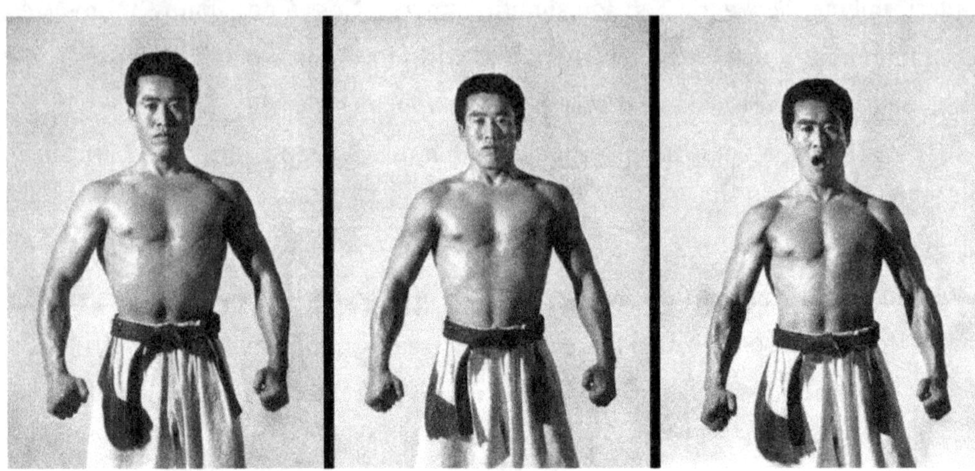

Por que Funakoshi não escolheu incorporar Sanchin, o *kata* fundamental dos estilos do Naha Te, no currículo do Shotokan? Eu penso que houve três razões fundamentais.

A primeira razão é que o *kata* Sanchin é feito com *sanchin dachi*, uma postura curta, e ele sentiu que um *kata* do Shotokan precisava de uma postura mais longa. Assim, ele inventou uma postura de tensão interna, *hangetsu dachi*, ao misturar *zenkutsu dachi* com *sanchin dachi*. Como eu mencionei antes, esta postura é criação original de Funakoshi, e essa é a razão exata pela qual *hangetsu dachi* não é encontrado em nenhum outro estilo.

A segunda razão é que ele não aceitava o som ruidoso da respiração *ibuki*. O método de respiração do Shuri Te é silencioso. Isso ocorre porque ele acreditava, como todos os praticantes do Shuri Te, que os lutadores devem esconder a sua respiração e mantê-la tão imperceptíveis quanto possível, principalmente ao inspirar (quando o corpo se torna relaxado e, assim, mais frágil).

Ele não gostava do som pesado da respiração *ibuki*, embora esse exercício fosse utilizado apenas para os exercícios de tensão corporal. Consequentemente, Funakoshi adotou o método de respiração de um *kata* diferente (Seishan) e não enfatizou a respiração barulhenta e pesada de *ibuki*, nem a explicou em seus livros. Ele a ensinou para seus discípulos como um exercício essencial, o qual tem sido perdido, e existe uma prova de que Nakayama aprendeu isso, o que eu vou mostrar mais adiante.

A terceira razão é que Funakoshi não aprovava a prática de golpear os praticantes como era feito no Goju Ryu e no Uechi Ryu. O seu treinamento consistia principalmente em *kata* e pouco de *kumite*. Na verdade, muitos alunos universitários não estavam satisfeitos com os seus métodos de treinamento e secretamente praticavam *jiyu kumite*. Quando Funakoshi descobriu isso em uma das universidades, ele ficou tão desapontado que abandonou o seu posto de professor. Depois que ele a contragosto permitiu aos estudantes a prática de um pouco de *kumite* controlado (p. ex.: *ippon kumite*, *sanbon kumite*, etc.), ele exigiu que utilizassem o método de não contato *sundome* (寸止め, 'interrupção da técnica a uma distância curtíssima'). Ao ver isso, nós podemos facilmente perceber que Funakoshi não gostava da ideia de um exercício que condicionaria o corpo a receber socos e chutes de verdade.

Concluindo, Funakoshi modificou o *kata* Sanchin para criar o *kata* Hangetsu porque ele não queria adotar a sua postura curta, a sua respiração ruidosa de *ibuki* ou o seu exercício de condicionamento do corpo.

Desde o início, este método de respiração não foi enfatizado a muitos instrutores do Shotokan. Consequentemente, a instrução sobre a respiração e sobre como as pernas ficam tensas não é fornecida nos dias atuais quando o *kata* Hangetsu é ensinado. Mesmo quando um método de respiração é mencionado, a instrução é frequentemente muito simplificada: "Utiliza uma inspiração longa" ou "Utiliza uma inspiração lenta".

As técnicas para inspirar e expirar precisam ser ensinadas adequadamente para cada um dos movimentos. Algumas partes da respiração e os movimentos são mais complexas, mas eu não entrarei em detalhes neste capítulo. Eu sugiro que os leitores interessados façam sua própria pesquisa e possivelmente encontrem um instrutor que possa ensinar o método de respiração *ibuki*.

Há mais uma grande pergunta que nós temos que responder: por que existe uma diferença entre a postura de Funakoshi observada nas fotos da década de 1920 e como nós fazemos agora? Abaixo estão umas fotos antigas dele executando Hangetsu (Seishan) em meados de 1920.

Na versão em inglês de *Karate Do Kyohan* traduzida por Ohshima, Funakoshi menciona o seguinte sobre o *kata* Hangetsu:

> Esta forma é da escola Shōrei, que enfatiza particularmente o treinamento e desenvolvimento do corpo. Esses movimentos são executados lentamente e demonstram aplicação de força nos pontos críticos de cada técnica. Esse fato deve ser mantido em mente durante a realização da forma, especialmente no modo de aplicação da força e na contração das pernas.

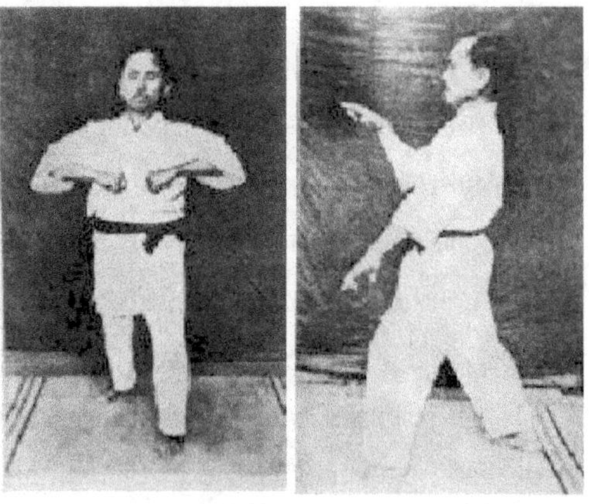

A postura das fotos à direita parece-se com um *zenkutsu dachi* curto, e na verdade é muito similar à postura que Otsuka do Wado Ryu utiliza no seu *kata*. Assim, Otsuka realmente adotou o *seishan dachi* como era ensinado por Funakoshi nos anos 1920.

Originalmente, como se vê nas fotos, Funakoshi não exigia que os joelhos fossem puxados para dentro como nós fazemos agora. Não era necessário, já que ele deve ter ensinado este *kata* com respiração semelhante à do método *ibuki*. Se você faz *ibuki*, você perceberá que a parte interior das pernas é contraída e que a tensão da região inferior do abdômen (*tanden* [丹田]) aumenta, especialmente durante a expiração. Assim, as suas pernas são naturalmente puxadas para dentro.

Infelizmente, a parte *ibuki* deste *kata* foi desconsiderada e esquecida pela maioria dos instrutores. Eu acredito que esta é a principal razão pela qual o *kata* Hangetsu tornou-se tão impopular.

Nakayama foi a pessoa que ocupou o papel principal na criação do karatê JKA depois que a organização foi fundada em 1947. Ele era uma pessoa bem-educada que trouxe uma abordagem "científica" para o karatê. Muitas das explicações das técnicas do karatê em seus livros incluíam mecanismos científicos, como engrenagens e alavancas.

Eu tenho certeza de que ele aprendeu *ibuki* com Funakoshi, mas, assim como este, ele também retirou o destaque dado à técnica. Ele considerava esse método de respiração muito confuso para o Shotokan, pois ele também acreditava no método de respiração silenciosa. *Ibuki* cria a tensão interna dos músculos, que é externamente invisível. Logo, Nakayama tinha que escolher outro método para trazer os joelhos para dentro para criar uma postura de tensão interna.

Quando os praticantes desconsideraram a respiração *ibuki* neste *kata*, eles naturalmente tinham dificuldade em manter a tensão interna nas pernas. Assim, uma puxada exagerada dos joelhos para dentro foi acrescentada ao *hangetsu dachi* com a finalidade de manter a tensão interna. Mas essa mudança apenas escondia um ingrediente importante deste *kata* único.

Embora tenha abandonado *ibuki*, ele ainda considerava a coordenação dos movimentos com a respiração como algo importante neste *kata*. Assim, no Volume 7 de *O Melhor do Karatê*, ele escreveu: "Técnicas rápidas e lentas, movimentos de mãos e de pés coordenados com a respiração e o deslizamento dos pés em movimentos na forma de arco são características deste *kata*".

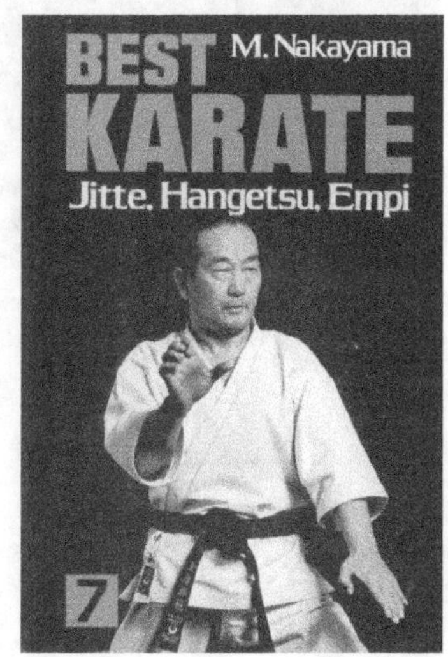

Se você possui este livro, dê uma olhada na foto da capa (foto à direita). Aqui você pode observar claramente que Nakayama tem a sua boca levemente aberta. Aqui está uma pista indicando que ele executa um movimento respiratório de expiração com a sua boca aberta durante a execução do *kata* Hangetsu. Infelizmente, nós não podemos encontrar nenhum direcionamento ou instruções sobre como exercitar a respiração neste livro ou em qualquer um de seus livros.

Foi muito engenhoso da parte de Funakoshi trazer as técnicas do Naha Te da maneira como ele as arranjou. Ele criou uma postura de tensão interna específica para o Shotokan: *hangetsu dachi*. Ele também modificou o *kata* Seishan do Shuri Te para mover-se como o *kata* Sanchin com um toque de exercício de respiração, um dos componentes principais da técnica do Naha Te.

Contudo, eu estou certo de que o leitor concordará que foi um desdobramento (ou retrocesso) muito lamentável para o Shotokan ter passado a ignorar o conceito fundamental do exercício de respiração no processo. Como consequência, nós quase perdemos a arte da respiração pesada e a coordenação dos músculos internos ensinadas neste *kata*. Então, nós temos que admitir o grande prejuízo que é a perda dessa importante conexão com as técnicas do Naha Te. É por isso que eu digo que Hangetsu é o elo perdido com o Naha Te.

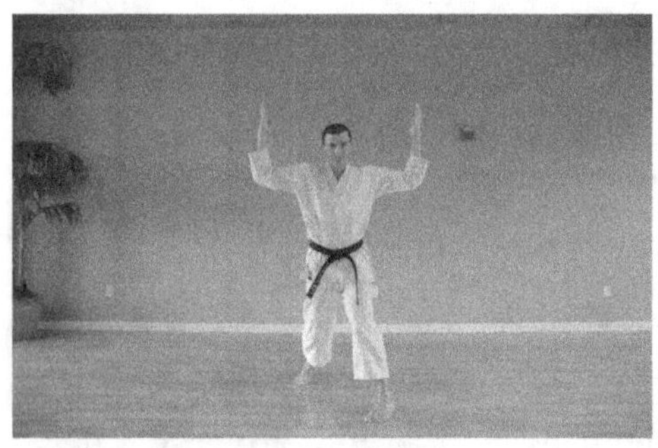

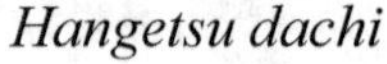

Hangetsu dachi

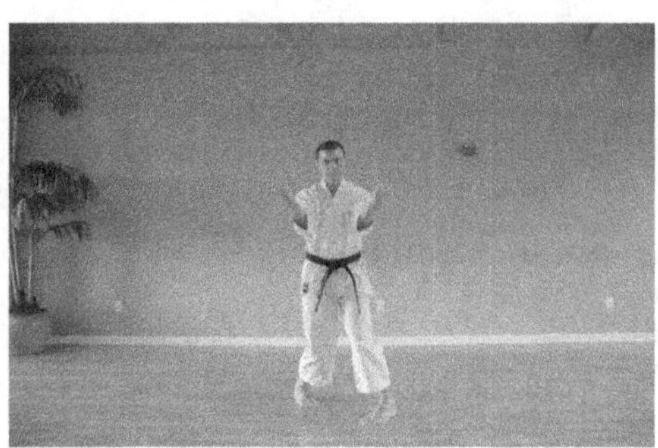

Sanchin dachi

Capítulo Doze
第十二章

Bujutsu ou Budo
武術か武道か

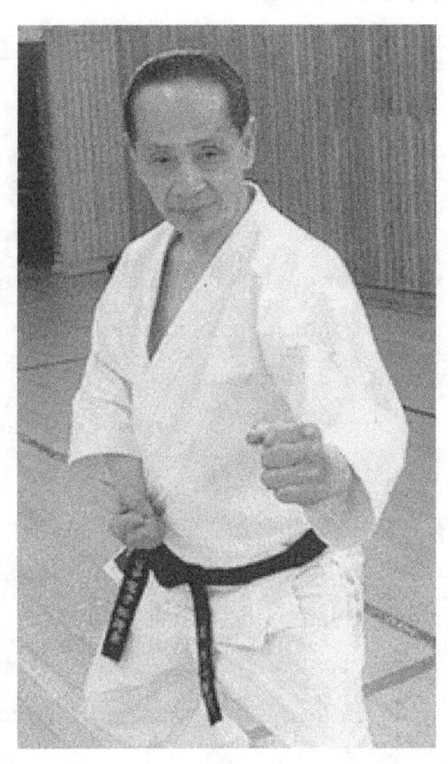

Você está praticando karatê como *bujutsu* (武術) ou *budo* (武道)? Você se importa? Eu espero que sim. Eu acredito que faz diferença e que nós devemos fazer essa pergunta para todos os praticantes e instrutores de karatê. Infelizmente, muitos deles não se importam. Mesmo que se importem, eles não conseguem compreender as diferenças, ou então têm muita preguiça de pesquisar sobre esses conceitos. Vamos olhar algumas razões comuns para as pessoas começarem a praticar karatê:

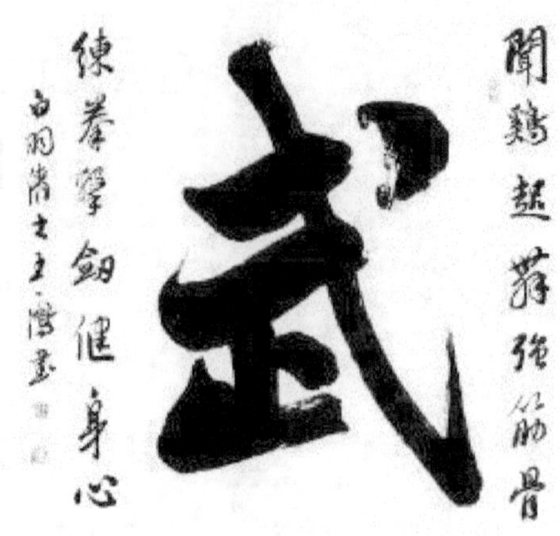

- Defesa pessoal
- Saúde/condicionamento físico
- Redução do estresse/bem-estar mental
- Competitividade/torneios

Todas essas razões são boas e respeitáveis. Não devemos julgar nenhuma delas ou considerar qualquer uma melhor que as demais. Embora eu fique feliz em ver as pessoas praticando karatê por qualquer razão, eu tenho uma forte preocupação com a atual tendência de uma enorme participação em atividades de competição, especialmente entre as crianças e os jovens.

Na verdade, coloca-se muita ênfase em vencer. Os participantes são ensinados a fazer tudo o que for necessário para vencer as disputas. Eles são encorajados a fazer coisas como usar apenas certas técnicas que são mais fáceis para pontuar, aproveitar-se de brechas nas regras, realizar ações ilegais (p. ex.: esconder técnicas dos árbitros), mudar os movimentos dos *kata* para parecer "espetaculoso", etc. A meta definitiva desses praticantes é vencer, sem prestar muita atenção a mais nada, e essa é a essência do *bujutsu*, 'artes marciais'. O século XVI no Japão era um período de guerra, e a única coisa que importava para os que viveram durante aquela época era ter a melhor habilidade no manejo da espada para sobreviver em uma batalha.

Muito bem, então qual é a diferença entre *bujutsu* e *budo*? Eu acredito que metade do problema vem do fato de muitos de nós não possuírem uma compreensão clara das diferenças entre esses dois termos e conceitos. A maioria das pessoas entre nós acredita que eles são mesma coisa ou que eles podem ser utilizados de maneira intercambiável. Esse é o equívoco mais grave e é aí que o problema sério começa.

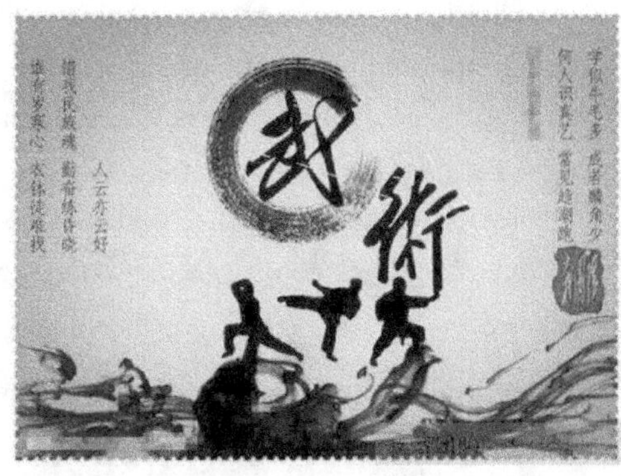

Eu queria ver se conseguia encontrar uma definição de *bujutsu* em uma enciclopédia. Então eu conferi na *Wikipédia*, mas estranhamente não consegui achar o conceito. Em vez disso, fui levado à página correspondente para *budo*. De acordo com essa enciclopédia da internet, *budo* é "um termo japonês descrevendo as artes marciais modernas". E então ela segue explicando o significado literal das palavras japonesas e a história do termo. Depois dessa explicação, a *Wikipédia* tem um parágrafo comparando o *budo* com o *bujutsu*. Diz assim (outubro de 2015):

> Pode ser difícil delinear precisamente as diferenças entre *budō* e *bujutsu*. Às vezes, as diferenças são consideradas históricas; outros citam diferenças em métodos de treinamento, filosofia de treino ou ênfase no desenvolvimento espiritual.
>
> De maneira mais moderna, *bujutsu*, que significa arte/ciência marcial/militar, é tipificado por sua aplicação prática de técnicas para situações do mundo real ou do campo de batalha. *Budō*, que significa maneira marcial, tem uma ênfase mais filosófica.

Quem quer que tenha inserido essa informação na *Wikipédia*—o autor é anônimo, é claro—não conhecia a clara diferença, e assim transmitiu uma ideia equivocada. Anteriormente, havia ainda mais informações na *Wikipédia*, mas o conteúdo foi removido. Em uma parte, chegou a tratar a diferenciação entre novo e antigo, civil e militar e a preferência individual. Prosseguia dizendo o seguinte:

> Não existe teste ou padrão para determinar a classificação, e é certamente possível considerar essas distinções ilusórias. De modo geral, uma escola de artes marciais escolhe qualquer termo com o qual se considere mais confortável. Uma escola de artes marciais poderia escolher chamar a sua prática de *bujutsu*, porque deseja uma conexão com o passado, ou enfatizar que a sua arte é praticada da mesma maneira como se fazia em um determinado ponto na história. Uma escola poderia escolher chamar a sua prática de *budo* para refletir uma ênfase no desenvolvimento espiritual e filosófico, ou simplesmente refletir que a arte foi desenvolvida mais recentemente, tal como o aikidô, que foi sintetizado pelo seu fundador durante o início do século XX (os nomes mais antigos são *aikijutsu* ou *aiki-jūjutsu*, que ainda estão em uso por algumas artes marciais). Algumas escolas podem até mesmo escolher *bujutsu* como uma forma de expressar a rejeição da ênfase moderna em espiritualidade e filosofia.

Essencialmente, diz que depende dos praticantes e instrutores decidir se estão praticando ou ensinando *bujutsu* ou *budo*. Eu me oponho fortemente a essa opinião. Como afirmei anteriormente, *bujutsu* é a arte de lutar ou matar. Pelo outro lado, *budo* é a arte de viver ou arte da vida—no aikidô também é chamado *amor*. É o caminho que desenvolve e aprimora o caráter do praticante (como é ensinado no *Dojo Kun* [道場訓]) e ajuda a construir princípios em sua mente. O *budo* lhe permite viver de forma honesta e honrada, ou pelo menos com princípios.

Algumas pessoas possuem a ideia equivocada de que o *bujutsu* é superior ao *budo* ou melhor que ele. Aperfeiçoar as técnicas de karatê é o objetivo do *bujutsu* e vencer em uma disputa é a coisa mais importante para eles. Uma vez que vencer não é considerado o fator mais importante no *budo*, os praticantes do *bujutsu* afirmam que o seu é o caminho dos samurai e, portanto, é superior.

Certamente, melhorar as técnicas e a habilidade no karatê é igualmente parte do treinamento no *budo*—e uma parte importante, também—mas, diferente de como ocorre no *bujutsu*, não é a meta definitiva. Se o objetivo de alguém é simplesmente vencer (matar), então por que nós nos preocuparíamos em aprender um método antigo e não tão eficaz como o karatê? É mais fácil vencer (matar) utilizando armas mais letais como armas de fogo e facas. Somente nos filmes de Hong Kong ou de Hollywood um *karateka* ou outro artista marcial poderia espancar um monte de inimigos armados com espadas e armas de fogo.

No passado eu ouvi comentários angustiados de muitos dos meus alunos dizendo que não conseguiam entender por que alguns dos mestres (8° ou 9° *dan*) fariam coisas inadequadas à imagem de um mestre. Eu ouvi falar que alguns mestres mentiram, foram desonestos com relação a dinheiro, e outras coisas inconfessáveis.

Os alunos pensavam que muitos anos de treinamento no karatê automaticamente melhorariam o caráter desses praticantes de alta graduação. Eles também acreditaram que as bancas examinadoras de suas organizações teriam considerado o aspecto do caráter como parte dos requisitos para promoções nos níveis mais elevados. Infelizmente, este não tem sido o caso.

Um praticante de karatê muito habilidoso mas sem disciplina de *budo* é como um vencedor das Olimpíadas que faz qualquer coisa para vencer, incluindo trapacear, utilizar drogas ilícitas e aproveitar-se de brechas nas regras. Isso mostra claramente que a mera superioridade física não garante automaticamente o surgimento de qualidades não físicas, como espírito esportivo, etiqueta, justiça ou respeito pelos competidores, árbitros e espectadores.

Ao praticar o karatê no caminho do *budo*, você pode ir além das habilidades físicas. Ele lhe ensina como ser uma pessoa melhor, livre do ego, do ódio e do desejo desenfreado por dinheiro e poder. Como se pratica no caminho do *budo*? É difícil? A resposta é sim e não.

Trata-se apenas de uma atitude mental, então não é difícil começar e ir treinando. Mas é muito difícil alcançar o objetivo (perfeição de caráter). É por isso que o *budo* é comparado com frequência a uma experiência ou conceito religiosos. Na verdade, no aikidô, chegaram a ser incorporados rituais religiosos na cerimônia de treinamento. É interessante observar o relacionamento das artes marciais antigas chinesas (que são um ancestral para o karatê) com o budismo (*bukkyo* [仏教]). O

Templo Shaolin inclusive é famoso pelo seu papel no treinamento do kung fu.

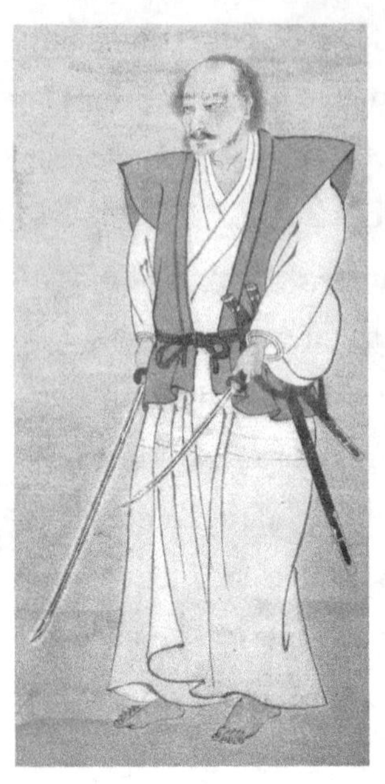

Existe um bom exemplo das mudanças que ocorrem na transição do *bujutsu* para o *budo* com o espadachim bastante conhecido do século XVII, Musashi Miyamoto (宮本武蔵, c. 1584–1645). Ele participou de mais de 60 duelos e venceu todos, assim ele é considerado um dos melhores espadachins de toda história. No entanto, embora ele tenha vencido em todas essas disputas e se tornado muito conhecido, nenhum *daimyo* (大名, 'senhor feudal') pediu-lhe para que se tornasse um de seus conselheiros.

O período dos Estados Beligerantes terminou no início do século XVII e os senhores feudais não estavam mais procurando por bons lutadores. Miyamoto era considerado como um grande espadachim (*bujutsu*), mas que não possuía sabedoria ou perspicácia. Ele poderia ter continuado duelando depois dos seus 40 anos e, ao fazer isso, ele teria obtido ainda mais conquistas para a sua fama, mas ele decidiu voltar a sua arte para o *budo*.

Depois que ele decidiu parar de lutar—travou o seu último duelo aos 39 anos—passou a dedicar-se às artes da pintura e escultura, nas quais se destacou de maneira notável. Quando ele já estava com quarenta e tantos anos, Tadatoshi Hosokawa (細川忠利, 1586–1641), um dos governantes na ilha de Kyushu, manteve-o como conselheiro. Miyamoto ficou por lá até a sua morte, aos 61 anos.

Durante os seus últimos anos, ele também escreveu alguns livros famosos, incluindo *Gorin no Sho* (五輪書, '*O Livro dos Cinco Anéis*'), o que prova que ele possuía grande compreensão não somente do *bujutsu*, mas também do *budo*. Miyamoto não foi o único mestre da espada que se tornou conselheiro para um senhor feudal—Muneyoshi Yagyu (柳生宗厳, 1527–1606), fundador do Shinkage Ryu (新陰流), tornou-se conselheiro do *shogun*—mas eu destaquei a história de Miyamoto aqui porque ele é conhecido pelos ocidentais por causa de seu livro famoso *Gorin no Sho*, que é lido pelas profissionais de negócios e usado como livro didático em algumas universidades famosas.

Ao dominar o *budo*, um *budoka* (武道家) dos tempos modernos pode nunca chegar a tornar-se um primeiro ministro ou presidente em seu país, mas as pessoas saberão que esse praticante desenvolveu uma coragem inabalável, determinação irrefreável e princípios firmes de viver e morrer pacificamente. Ele agora está livre do ego e do desejo desenfreado por dinheiro e poder. Ele nunca será um covarde, já que possui a coragem para arriscar sua vida por seus princípios.

Nós vivemos agora em um mundo mais pacífico do que aquele dos séculos XVI e XVII, mas o terrorismo e os assaltos ainda são ameaças comuns em grandes cidades. Se um assaltante quer a sua carteira, não é sábio arriscar a sua vida apenas para proteger uma pequena quantia em dinheiro. Em vez disso, você entrega a sua carteira, mas não faz isso por covardia. Contudo, se um assaltante ou terrorista ameaça matar a sua família, os seus amigos, os seus entes queridos ou talvez os passageiros de um avião em que você esteja, como mestre de *budo*, arriscaria sua vida para salvá-los.

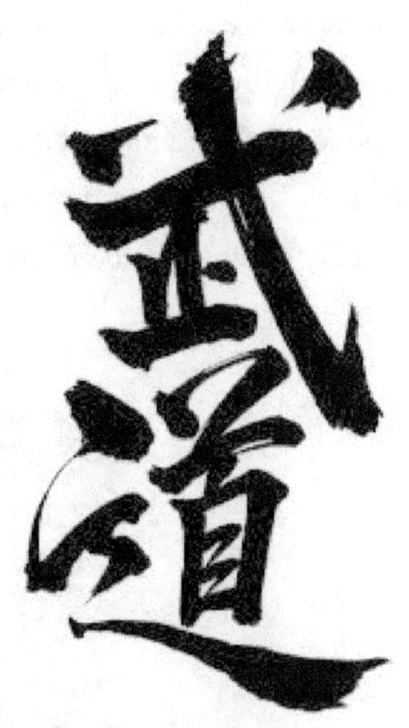

Eu não estou rejeitando por completo as competições. Participar de competições pode ser uma experiência interessante e educativa para as pessoas jovens, ou para praticantes que ainda estejam à procura do caminho (*do* [道]). Todavia, eu sinto que muita ênfase tem sido colocada nas competições pelo mundo ultimamente, incluindo no Japão.

Os praticantes e instrutores estão ambos consciente e inconscientemente buscando o *bujutsu*, porém afastando-se do *budo*. Um *shiai* tem a finalidade de ser uma ocasião onde os praticantes podem testar suas técnicas e aprender. Nós precisamos dizer aos alunos que vencer ou perder nas disputas é secundário. De qualquer modo, o próprio karatê está mudando para adaptar-se às regras de competição e para vencer.

Funakoshi Sensei opunha-se fortemente às competições. Ele temia que a tendência mencionada acima fosse ocorrer. Eu temo que o seu medo esteja se tornando realidade, mas nós ainda temos uma esperança, pois existem muitos praticantes que desejam ir além das técnicas e das habilidades físicas.

Como nós fazemos isso? É simples: devemos seguir os ensinamentos do Mestre Funakoshi exercitando o *Dojo Kun*. Nós não devemos recitá-lo sem compromisso com o que é dito. Ao recitá-lo com um desejo sincero de segui-lo, o internalizaremos e finalmente seremos capazes de torná-lo parte do nosso caráter. Isso é tão difícil quanto aperfeiçoar as habilidades físicas de karatê. Pode levar anos, possivelmente a vida toda, para alcançar. Mas eu garanto que você terá uma vida pacífica. Uma vez que você alcance o objetivo final, você saberá como enfrentar a morte com um sorriso em seu rosto. Essa é a essência do *budo*.

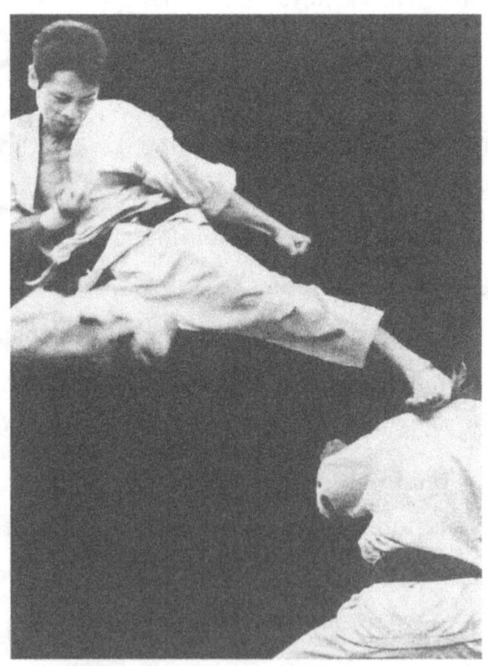

Capítulo Treze
第十三章

Contradição entre "Karate ni Sente Nashi" e "Sente Hissho"?
「空手に先手無し」と「先手必勝」の矛盾

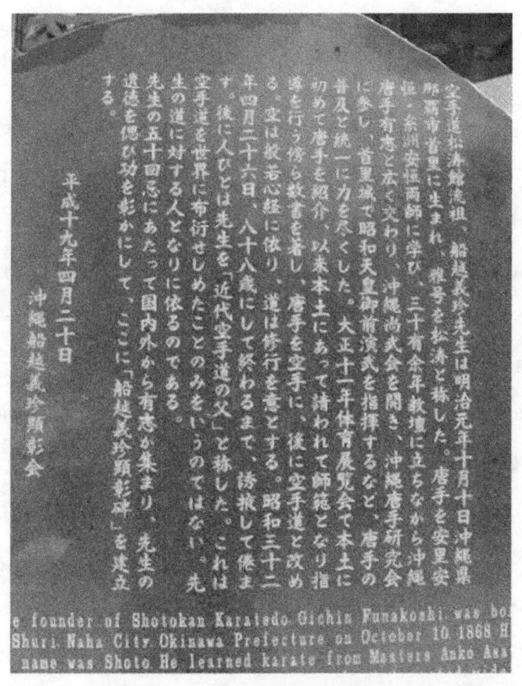

Estela memorial erguida em 2007 para o Mestre Funakoshi

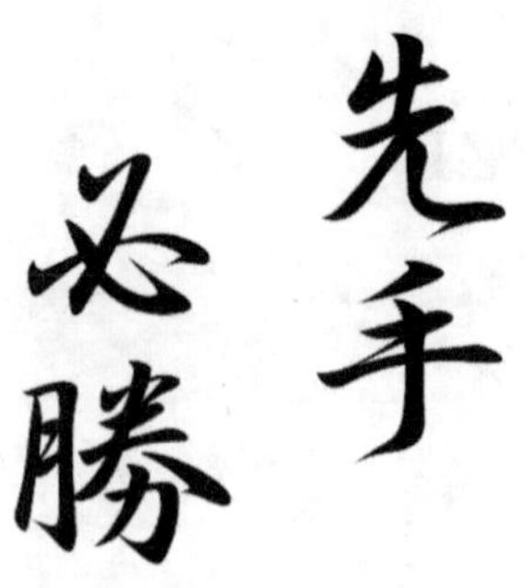

Existe um ditado popular frequentemente envolvido em um mito: *Karate ni sente nashi* (空手に先手無し, 'Não existe primeiro ataque no karatê'). Curiosamente, embora não seja tão popular, existe outro dizer: *Sente hissho* (先手必勝, 'O primeiro ataque garante a vitória'). Então, por que a afirmação *Karate ni sente nashi* é mais conhecida que *Sente hissho*?

O conceito de *Karate ni sente nashi* tem o objetivo de simbolizar o aspecto defensivo do karatê. Contudo, muitos não compreendem o seu verdadeiro significado, e uma considerável quantidade de pessoas equivocadamente acredita que essa máxima quer dizer que elas devem sempre esperar até que o seu oponente ou agressor inicie o ataque, e que o seu primeiro movimento ou mesmo os movimentos seguintes devem ser apenas bloqueios (movimentos defensivos).

Uma ideia similar ao *Karate ni sente nashi* é o conceito de *go no sen* (後の先). Este conceito corresponde à situação em que o *karateka* induz o oponente a realizar o primeiro movimento, e então se aproveita dessa ação inicial para vencer a luta. Quando comparado com *Sente hissho*, estas duas outras expressões parecem defender pensamentos opostos. Assim, quer dizer que estas ideias ou conceitos diferentes estão realmente em contradição?

Vamos começar com *go no sen*. A resposta curta para esta questão é que esta tática ou padrão de iniciativa de ataque é apenas uma de três táticas ou padrões. As outras são *sen no sen* (先の先) e *sensen no sen* (先々の先). Como este não é o tema principal deste capítulo, eu não farei uma explicação completa, mas sim apenas um resumo destes conceitos.

Em *go no sen* ('iniciativa provocada'), você espera até que o oponente se mova primeiro. A ideia é induzir o oponente a realizar um certo movimento ou ataque que talvez ele não estivesse planejando, assim o seu ataque resultará em uma técnica menos eficaz ou sem determinação. Em *sen no sen* ('iniciativa simultânea'), você ataca assim que o oponente iniciar o seu primeiro movimento e vence a luta.

Em *sensen no sen* ('iniciativa preemptiva'), você percebe a intenção de mover-se do oponente, e o seu ataque ocorre exatamente no momento em que ele determine a sua intenção, enquanto o corpo dele ainda não chegou a mover-se.

De todas estas três táticas ou conceitos, *sensen no sen* é considerado como o de mais alto nível de habilidade. Assim, *go no sen* é um método muito menos recomendado que os outros dois. Se *Sente hissho* é a doutrina aceita e recomendada, então o que *Karate ni sente nashi* realmente significa?

Sente é a palavra-chave, que significa literalmente 'primeira mão', e assim é confundida com a ideia do primeiro soco. Todavia, essa expressão na realidade significa que o praticante de karatê não deve provocar brigas, pois ele não deve escolher meios violentos para resolver conflitos. Este ensinamento coincide com o quinto *kun* do *Dojo Kun*: "*Kekki no yu o imashimeru koto*" (血気の勇を戒めること, 'conter o comportamento violento').

Por que o *Karate ni sente nashi* recebeu mais atenção que o *Sente hissho*, então? É bastante óbvio e o leitor pode facilmente adivinhar a resposta. Funakoshi Sensei e Nakayama Sensei temiam que os praticantes de karatê jovens e impetuosos pudessem não compreender corretamente o verdadeiro significado de *Sente hissho* e terminar considerando esse ditado como um encorajamento ou permissão para iniciar brigas. *Karate ni sente nashi* e *Sente hissho* são contraditórios no sentido literal, mas são ideias compatíveis e racionais que se aplicam ao aspecto mental do treinamento do karatê.

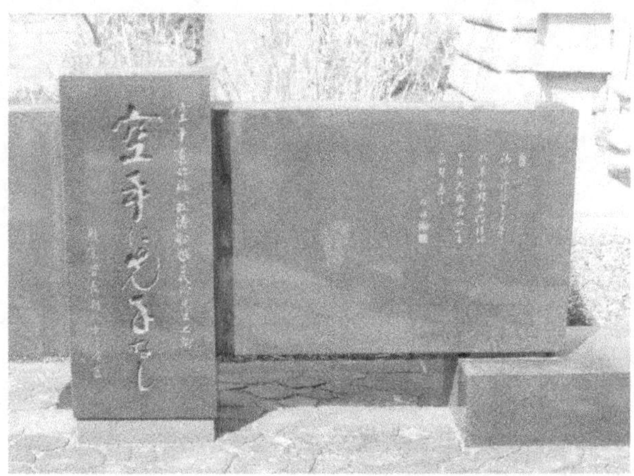

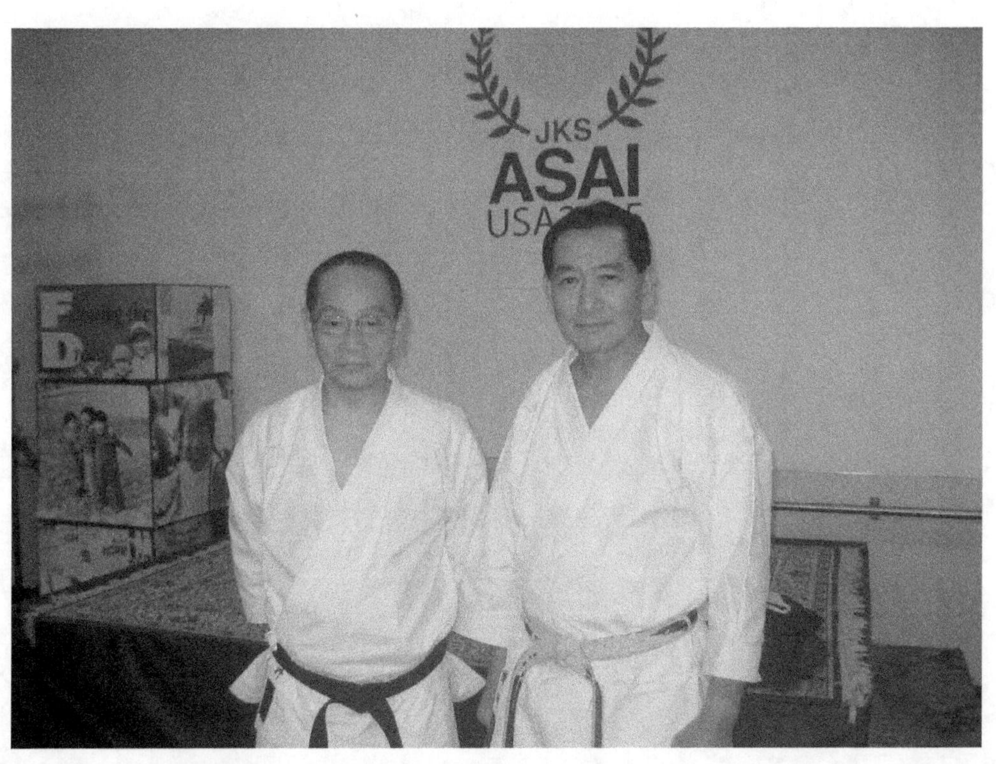

Shuseki Shihan Tetsuhiko Asai e Shihan Kousaku Yokota
2005

www.ingramcontent.com/pod-product-compliance
Lightning Source LLC
LaVergne TN
LVHW020718110826
845149LV00012B/2324

* 9 7 8 0 9 9 8 2 2 3 6 2 9 *